如何写论文

刘 钧 才立琴 编著

机械工业出版社

本书以写作一篇论文面临的困惑为起点，介绍了如何确定论文选题、论文写作大纲，写作论文的方法、技巧和规范等问题。在此基础上，介绍了注释、参考文献的标注方法以及论文发表、论文评价等方面的内容。此外，本书还讲述了学术道德、学术规范和著作权保护等内容，以避免论文写作过程中学术不端行为的发生。

本书适用于本科生、研究生，也适用于研究人员、教师等社会群体。

图书在版编目（CIP）数据

如何写论文/刘钧，才立琴编著．—北京：机械工业出版社，2019.11（2024.7重印）

ISBN 978-7-111-64473-6

Ⅰ．①如… Ⅱ．①刘… ②才… Ⅲ．①论文–写作 Ⅳ．①H152.3

中国版本图书馆 CIP 数据核字（2020）第 000810 号

机械工业出版社（北京市百万庄大街 22 号　邮政编码 100037）
策划编辑：孙司宇　责任编辑：孙司宇　易　敏
责任校对：李　伟　封面设计：张　静
责任印制：常天培
固安县铭成印刷有限公司印刷
2024 年 7 月第 1 版第 5 次印刷
169mm×239mm · 10 印张 · 143 千字
标准书号：ISBN 978-7-111-64473-6
定价：35.00 元

电话服务　　　　　　　网络服务
客服电话：010-88361066　机　工　官　网：www.cmpbook.com
　　　　　010-88379833　机　工　官　博：weibo.com/cmp1952
　　　　　010-68326294　金　书　网：www.golden-book.com
封底无防伪标均为盗版　机工教育服务网：www.cmpedu.com

前　言

论文是记录科学研究成果的重要载体。写作论文是教育工作者、学术研究工作者、本科生、研究生必须具备的基本技能之一，是高等教育教学工作的重要内容，也是培养学生专业素养和独立思考问题能力的重要教学环节。论文写作有助于培养高素质的专业人才，并提升学生将所学知识运用于解决实际问题的能力。写作论文同大学教学的其他环节（如知识的讲授等）一起，构成了大学教学的重要组成部分。

学术论文写作的目的是表达作者的学术观点，便于学术观点的记录、传播和交流，更有助于学术研究成果的推广以及知识的传承和启蒙。规范论文的写作，强化学术道德规范，可以促进学术创新、学术进步，更有助于形成规范、有序的学术氛围。学位论文写作的目的是考核学生综合运用所学专业知识和技能去发现问题、分析问题和解决问题的能力，为培养学生勇于探索的独立思考精神、严谨的思维、踏实认真的学风奠定扎实的基础，也为学生未来从事同专业相关的工作打下良好的专业基础。

近年来，高等教育发展较快，不但师资力量大幅度增长，而且招生人数也不断增加。经过一段时间的专业学习后，这些学生就会面临写作学位论文的问题。此时，许多学生会感到茫然、不知所措，不知道从何写起，不知道如何才能写好论文。虽然在学位论文写作前，学院的教务干事会做几个小时"如何写论文"的讲座，但是，这些讲座无法真正解决学生在写作论文过程中遇到的各种问题。针对学生心中的迷惑笔者写作了本书。

本人长期从事教学科研工作，曾经从事过五年的学报编辑工作，对规范写作论文有比较深刻的理解和体会。在教学工作中，能够积极地引导学生规范地写作论文，并进行相关课程的讲授。由于能够深切地感受到学生在写作论文过程中遇到的问题和困惑，笔者感受到编写本书的重要性和迫切性。希望高等院校能够普遍、系统地开设与论文写作相关的课程，以适应高等教育蓬勃发展的需要，培养学生分析问题、解决问题的能力。

本书共九章。第一章讲述了论文的概念和类型。第二、三、四章讲述了如何确定论文选题和论文写作大纲，写作论文的方法和技巧等方面的问题。为了规范地写作论文，第五章、第六章讲述了注释和参考文献的使用方法。第七章讲述了论文发表的流程和需要注意的问题，第八章讲述了论文的评价，第九章讲述了写作论文的学术道德规范。

本书语言简洁、明快，附有生动的案例，以帮助学生尽快掌握写作论文的要领，以期起到抛砖引玉的作用。本书编写的分工如下：前七章由刘钧编写，后两章由才立琴编写。在此过程中，朱浩元同学帮助我搜索了相关资料，我对他的帮助表示感谢。

本书适用于高等院校本科生和研究生，同时也适用于教育、科研工作者。

刘　钧

于中央财经大学

目 录

前 言

第一章 论文的概念和类型 ………………………………………… 1
  第一节 论文的概念和特点 ………………………………………… 1
  第二节 论文的作用 ………………………………………………… 7
  第三节 论文的分类 ………………………………………………… 9
  思考题 ……………………………………………………………… 14

第二章 确定论文选题 ……………………………………………… 15
  第一节 影响论文选题的因素 ……………………………………… 15
  第二节 如何发掘论文选题 ………………………………………… 19
  第三节 发掘论文选题的方法 ……………………………………… 23
  第四节 确定论文题目 ……………………………………………… 34
  思考题 ……………………………………………………………… 43

第三章 确定论文写作大纲 ………………………………………… 44
  第一节 论文大纲的概念和作用 …………………………………… 44
  第二节 确定论文大纲的原则 ……………………………………… 46
  第三节 如何确定论文大纲 ………………………………………… 47
  思考题 ……………………………………………………………… 51

第四章 写作论文的方法和技巧 …………………………………… 52
  第一节 写作论文的原则和方法 …………………………………… 52
  第二节 论文的主要内容 …………………………………………… 69
  第三节 论文的格式 ………………………………………………… 72

第四节　论文的修改 ·· 80
　　思考题 ·· 85
第五章　注释 ·· 86
　　第一节　注释的概念和类型 ······································ 86
　　第二节　注释的作用 ·· 90
　　第三节　注释的方法 ·· 92
　　思考题 ·· 95
第六章　参考文献 ·· 96
　　第一节　参考文献的概念和作用 ······························ 96
　　第二节　参考文献的类型和使用原则 ······················ 98
　　第三节　参考文献标注法 ·· 101
　　第四节　参考文献与注释的关系 ···························· 105
　　思考题 ·· 106
第七章　论文的发表 ·· 107
　　第一节　论文发表的概念和作用 ···························· 107
　　第二节　论文发表的程序 ·· 110
　　第三节　论文发表需要注意的问题 ························ 113
　　思考题 ·· 116
第八章　论文的评价 ·· 117
　　第一节　论文评价的概念和特点 ···························· 117
　　第二节　论文评价的标准 ·· 119
　　第三节　学术评价的方式 ·· 121
　　第四节　论文评价的体系 ·· 126
　　思考题 ·· 131
第九章　学术道德规范 ·· 132
　　第一节　学术道德 ·· 132
　　第二节　学术规范 ·· 138
　　第三节　著作权保护 ·· 144
　　思考题 ·· 150
参考文献 ·· 151

第一章
论文的概念和类型

论文是记录学术研究成果的重要载体，写作论文不仅是研究人员、教师表达自己学术观点的媒介，也是对学生进行严谨的思维训练的过程。学习本章的目的有：了解论文的概念、特点和类型，为灵活地运用所学习的专业知识写作论文打下良好的理论基础。

第一节 论文的概念和特点

一、论文的概念

论文是指运用某些专业理论、研究方法和技术对某一学术问题进行科学研究或描述科学研究成果而写作的文章。论文的概念有广义和狭义之分。广义的论文不仅包括学术论文和学位论文，还包括实验报告、观察报告、调查报告、评估报告、行业分析报告、课题研究、专题综述、述评等专业性较强的文章。狭义的论文仅包括学术论文和学位论文。本书讲述的"论文"，是广义论文的概念。

论文主要用于描述学术研究成果，应当用流畅的语言以科学、严谨、规范的术语进行表达，以便于学术信息的交流和传播。论文忌讳运用夸张、模糊、模棱两可、不切实际的语言来表达。例如，大概、可能等推测性的语言不宜使用；极其重要、不可替代等夸张性的语言也不宜使用；首次、第一次等定性的语言应当慎用。

二、论文的特点

论文不同于报纸上的文章，也不同于教材中对于基础知识的讲述。报纸上的文章只需要通俗易懂，揭示出问题就可以了，通常不需要提出解决问题的对策。教材中通常讲述完一个问题，接着讲述另一个问题，涉及的内容比较广泛，且讲述的是被学术界普遍认可的观点。论文通常具有以下特点。

（一）专业性（学术性）

专业性也称为学术性，是指论文从事的是某些专业领域内的研究，论文通常涉及学术领域内的一些问题，这些问题也是学术界正在探讨的焦点问题。一些专业名词、专业术语通常不需要在论文中解释，其他专家或学者也能够看得明白。

不同的专业领域，具有不同的研究方向，论文恰恰是作者所涉及的专业研究领域内的问题，具有很强的专业性。然而，对专业知识一知半解的人在写作论文的过程中很可能会漏洞百出，偏离论文专业性的特点。例如，关于中国社会保障问题的研究就是专业性比较强的问题，但是，懂不懂得社会保障专业的人都可以谈自己的见解。例如，某人说，中国机关事业单位的退休人员正在使用城镇企业职工的基本养老保险资金，这是不懂得基本养老保险资金运营而做出的非专业性表述。在机关事业单位养老保险制度改革前，机关事业单位退休人员的养老金给付是以工龄作为依据确定的，其退休金依据工龄长短由财政拨付，这部分资金根本就不是来自城镇企业职工基本养老保险的缴费。即使在城镇企业职工基本养老保险制度与机关事业单位基本养老保险制度合并后，其资金管理也是两个池子，不存在机关事业单位退休人员使用城镇企业职工基本养老保险资金的问题。如果看不懂学术期刊上发表的论文，很可能是由于缺乏一定的专业素养和基础知识，导致无法看懂别人写作的学术论文中涉及的专业名词、术语，更不懂其背后的含义，这也是学术研究曲高和寡的原因。

(二) 创新性

创新性是指论文中有突破性的研究成果或者创新性的研究方法。学术研究的本质是批判，没有批判就没有创新。创新性是论文的灵魂，是需要进行大量、艰辛的劳动和付出才能获得的。"中国学术要想做出原创性的贡献，尚需假以时日，在有效的学术积累、学术交流和学术合作中加以继承和开拓。否则的话，急躁冒进，只能适得其反，欲速则不达。"[1]这也就是说，轻而易举获得的研究成果通常不具有创新性，缺乏创新性的论文是没有研究价值的。缺乏创新性的论文即使写出来，也不会被同行专家、学者认可，这也更加突出了论文的原创性。论文的创新性可以通过以下几个方面来表现。

(1) 新颖。论文思考问题的视角新颖，是前人或者他人很少研究的领域。例如，保险资金投资金融衍生工具的财务监管。这一思考问题的视角就比较新颖，并且其研究的难度也比较大。这一关注问题的视角，要求研究者既要了解保险学的相关知识，还要了解投资学的相关知识，特别是投资于金融衍生工具这一特殊金融工具的相关知识，更需要作者对财务管理学方面相关知识有足够的了解。这一问题的研究具有跨学科、跨专业的特点，是研究视角新颖、研究难度大的选题，因此，其研究成果具有较高的实践价值，有利于为政府管理部门提供政策指导。

(2) 独特。论文研究的理论问题、实践问题或者研究问题的方法具有独特性，是前人或者他人没有涉及的、另辟蹊径的研究或者试图改变人们以往思考问题方式的研究。例如，中国金融市场脆弱性研究。这一思考问题的视角从中国当前金融市场发展面临的现实状况出发，致力于应对中国金融市场面临的脆弱性风险，以解决我国金融市场抗风险能力弱等方面的问题。其研究问题的视角具有独特性，题目本身具有较高的研究价值，可以指导我国金融监管制度的完善、发展和创新。又如，当人们对某一问题争论不休、各抒己见的时候，独特的思考问题的方式，可以启发人们另辟蹊径地采用创新性的思考方式，起到思想启蒙、引发人们进一步思考的积极作用。

(3) 超越。论文的研究成果超越了前人或者他人的研究成果，思考问题的视角或者方法具有前瞻性，其得出的结论超越前人或者他人，可以实现理论研究或者实践上较大的突破。例如，美国麻省理工学院利根川进（Susumu Tonegawa）教授等人研究了人脑的记忆机制。Susumu Tonegawa 教授等人认为，记忆的形成与回忆所通过的神经回路是不同的。这一研究成果突破了以往专家、学者认为的"人类的大脑是通过在原有记忆回路上的一个分支回路来回忆事情"的结论，这一研究结论颠覆了以往的学术研究成果，具有超越性，将有助于人类对于失忆症、阿尔茨海默病的预防和治疗。

(三) 科学性

论文的科学性是学术论文写作中始终贯穿的原则。科学性是指研究的内容真实可靠，数据来源于实验、调研的结果，政府权威机构发布的统计数据或者真实的社会现象，论文的研究成果应该经得起实验的反复论证，经得起时间的检验以及国内外专家、学者的批评和质疑。论文的科学性主要体现在以下几个方面。

（1）重复性。任何一项基础科学研究成果都意味着发现了现象或者规律，需要付出大量的努力。一个规律或者现象被发现，并公之于众，意味着其他单位或者个人都可以重复发现这一规律或者现象。重复性是指论文发表的研究成果在其他实验中可以重复出现。重复性是学术研究成果科学性的重要标志之一。无法重复的研究结果，会受到他人的质疑。可重复性是学术研究的重要检验机制，也是学术氛围的自净机制，即通过学术论文提供的实验过程、实验材料可以让其他研究人员重复得到论文中的实验结果。

（2）客观性。客观性是科学性的另一个重要标志。客观性是指论文发表的研究成果是客观存在的。客观性要求学术研究不能人为地编造数据、事实和结果，要以客观的数据或者事实为依据，揭示研究对象之间的内在联系或者规律。可见，客观性是贯穿于学术论文写作始终的重要原则，也正是"论文的科学性"要求我们写作学术论文必须抱着严谨、认真、一丝不苟的态度，要甘于寂寞，要坐得住"冷板凳"。

（3）传承性。许多科学研究、学术观点不是凭空产生的，而是继承前人或者借鉴他人的研究成果的结果。同样，承载学术研究成果的论文也具有传承性。"能不能承认、尊重、欣赏他人的研究成果也是十分重要的。我们应该尊重他人（包括前人）的研究成果，学会欣赏他们，并采取积极吸收和批判的态度，这有利于学科的发展和进步。"[2]

（4）可积累性。学术研究是点点滴滴、长期积累的结果。只有不断地追踪专业发展的脉搏，才能了解专业领域的发展方向，才能探讨前沿的问题。"可积累性是学术研究的特点"[2]之一。只有经过长期积累，才能写出高质量的论文。

（四）价值性

学术论文应当具有一定的理论价值或实践价值。只有具有理论价值，才能进一步丰富和发展理论研究的深度、广度，为科学技术的发展做出贡献；只有具有实践价值，才能进一步解决社会现实中存在的问题，以促进经济发展或者社会制度的调整和完善。

（五）规范性

规范性要求学术论文的题目、大纲、遣词造句、前后语境都要明确、规范。对此，有人说，"对于初学入门者，规范是参照和矫正的标准。对于有志于学问之道者，规范是入场券。对于学养缺欠、学风轻浮者，规范是警钟。"[1]论文的学术性、科学性、专业性也要求论文的写作必须规范，不得使用模糊不清的语言，不得使用容易引起歧义的语言，不得使用不规范的缩写词语或者缩写的英文字母。例如，某同学将毕业论文中的"全国社会保障基金"缩写成社保基金，就属于表达不规范。在我国，"全国社会保障基金"同"社会保险基金"不是同一个概念，全国社会保障基金是归属于财政部管理的战略储备基金，这部分资金是未来应对社会保障资金入不敷出的战略储备资金，尚未用于社会保障支付。社会保险基金是指基本养老保险、基本医疗保险、失业保险、工伤保险、生育保险运营管理中的结余资金。如果一篇论文中的概念需要别人花费很多心思去猜想到底写的是全国社会保障基金，还是社会保险基金，就存在不严谨、不规范的问题，甚至会引起读者思维的混乱。又如，某同学提交的学士学位论文题目是"要养老，买保险"。虽然这句话是极好的广告语，也不存在语法错误，但是，这样的语句用于学位论文题目就不是很规范。

案例 1.1

师生关于教材与论文的对话

案情介绍：以下是学生与老师的一段对话，看了之后，你有什么感想呢？

某学生问老师："老师，教材讲述的内容同论文中讲述的内容有什么不同呢？"

"论文通常表达作者自己的观点，教材通常表达专业领域内具有普遍意义的概念、规律、特征或者原则等。当然，如果论文中表达的观点得到学术界的普遍认同的话，也会被总结到教材中。"老师说。

"写作教材也是科学研究吧？"某学生又问。

"教材中讲述的知识只是对已有研究成果的运用和推广，如同老师讲授一堂课一样。写作教材通常不属于科学研究，只能属于学术观点的普及或推广。"老师回答说。

案例分析

学生问的问题较具有代表性，老师也简要地回答了期刊论文、专著、教材之间的不同。有些学生在写作论文的过程中，大篇幅地抄教材上的内容，显然是不对的。教材中的内容总结了学术界普遍认同的结论，属于专业基础知识。如果论文中介绍专业基础知识的内容比较多，那么这篇论文就是缺乏创新性的。

案例 1.2

师生之间关于学位毕业论文审查重复率的对话

案情介绍：每年五六月份，是学生学位论文审查重复率的季节，也是老师、学生最不知所措的时候。学位毕业论文审查重复率是指审查学生写作的学位毕业论文占网络上已经公开发表论文语句的比例，通常以学位毕业论文语句占网络上公开发表语句的百分比来计算，学位毕业论文重复率审查是防止学生抄袭的有效办法之一。

某学生问老师："老师，住房公积金制度可以改成公积金吗？"

老师坚定地说："不可以。住房公积金制度和公积金不是一个概念，怎么可以换来换去地使用呢？"

"那我写'住房公积金制度'一词就重复了，就涉嫌抄袭了。我应该怎么办？"

"我也没有办法，审查重复率的事情我说了也不算。"指导论文的老师无奈地回答学生。学生痛苦地摇摇头，悻悻地走了。

过了几天，学生给老师打电话，激动地说："老师，我把'住房公积金制度'用'其'来指代可以吗？"

"算可以吧，希望你查完后再改回来。"老师叹了口气，无奈地说。

案例分析

目前，我国一些高等院校在学位毕业论文重复率审查方面存在着机械、死板、僵化的做法，即只要有连续五个字同网上一样就按照"重复"来对待。然而，设定这一标准的人也许并不知道，有些专有名词的字数会超过五个。例如，"全国社会保障基金"就是专有名词，不能简写或者缩写。如此简单地计算重复率，显然有些教条，有些不近人情，更不符合学术发展的特点和规律。对此，许多学生被迫将专有名词简化得面目全非，这样，不仅不利于学术研究的开展，也不利于学术研究规范化的发展。

第二节 论文的作用

论文是知识传承和知识积累的重要载体，记录着一代又一代学者薪火相传，接力式地进行艰难、曲折探索的历程。古人云："不积跬步无以至千里，不积小流无以成江海"，就是这个道理。论文的作用主要有以下几个方面。

一、论文是记录科研成果的重要载体

如果学术研究成果需要得到同行专家、学者的认可，就需要将研究的工具、材料和过程完整地记录、描述出来，并以论文的形式发表或者将论文在学术会议上宣讲、交流。同行专家、学者通过阅读论文，可以模拟实验结

果，可以了解作者研究的领域、研究的进展和取得的成果。从这个角度看，论文是记录学术研究成果的重要载体，有助于记录学术研究成果，有助于学术研究成果的推广和应用，有助于知识的启蒙和传承。

二、写作论文可以提高个人的学术研究能力和水平

写作论文的过程是作者综合表达自己研究成果的过程，可以提高个人的学术研究能力，可以提高学生严谨思维、顺畅表达的写作能力。有些高校教师将高等教育的教学活动同写作学术论文的要求对立起来，这其实是对教学科研工作岗位的片面理解。其实，在写作论文的过程中，教师可以将已有的专业知识和技术转化为现实的生产力，可以进一步服务于现实社会的实践，做到学以致用。写作论文不仅有助于提高研究者或者教师个人的研究能力和水平，提升个人的逻辑思维能力和批判思维能力，而且有助于促进学术研究成果的交流、推广，有助于科学研究的不断深化。在论文写作的过程中，教师也会进一步加深对学术问题的理解，从而进一步提高课堂教学的质量、水平，丰富教师的知识结构，从而使教师的讲授做到言之有物，贴近实际问题。由此观之，大学教育和科研相辅相成、不可偏废。

三、写作论文是考核个人知识、科研水平的重要手段

论文能够综合地反映个人思考问题的方式、方法和理论水平，是考核作者知识、科研能力和水平的重要指标之一。写作论文对不同群体的作用也是不同的。教师、科研人员晋升职称的重要依据之一是发表论文的层次、数量和水平，论文是教师、科研人员学术研究成果的总结和凝练，体现着教师、科研人员的工作质量、数量和水平。国家自然科学基金、国家哲学社会科学基金等国家级课题的申报通常也需要依据课题申报人发表学术论文的情况来确定，申报者曾经发表的学术论文反映着申报者研究的领域、成果、能力和水平。通过观察申报者提交的研究团队名单，基金评审委员会的人员就可以大致地评估研究团队是否有能力完成课题研究以及课题研究的质量。

本科生、硕士研究生、博士研究生要顺利毕业，取得学位证书，也需要写作符合学术规范要求的学位论文。学位论文是本科生、硕士研究生、博士研究生在校期间学习能力和水平的重要体现，一些优秀的本科生、硕士研究生、博士研究生论文通常具有较高的理论或者实践价值。

四、写作论文有利于知识的传承和发展

论文通常记载着学术界最新研究动态、研究方法和研究成果。阅读论文有助于帮助读者学习专业知识，开阔思路，启发读者以批判的思维独立地思考问题，更有助于科学知识、技术创新，以及思想的记录、传承和发展。本科生、研究生要提高学术水平，需要大量阅读他人的学术研究成果，需要借鉴他人的研究成果。国外高校对论文写作的教学工作比较重视，一些国家如美国、日本、英国等，无论是文科还是理工科，关于论文写作的课程大多需要讲授20～30课时。日本长冈技术科技大学校长川上正光在《科学与创造》一书中说："大学的最大使命是创造出学问、技术，要培养出具有创造力的人。"写作论文是高等教育培养学生具有独立思考能力、创造能力和解决问题能力的重要手段之一，是高等教育教学的重要环节。

第三节　论文的分类

依据不同的标准划分，论文的分类也不同。下面简要地介绍几种划分方式。

一、按照写作的目的划分

依据写作目的不同，可以将论文分为学术论文和学位论文两种。

（一）学术论文

学术论文是指科技、教育工作者对其所从事某项研究工作进行的理论、实践或观测性研究所取得的新见解、新成果的科学记录，或者将某些已知原理、理论应用于实践，并取得新进展或者新建议的总结。

（二）学位论文

学位论文是用以申请相应的学位而提交的评审论文。学位论文的写作是对学生进行学术研究基本功的专门训练。学位论文也是对学生学习成果的全面、综合评定，主要考查学生发现问题、分析问题和解决问题的能力。

依据学位层次的高低，学位论文可以划分为学士学位论文、硕士学位论文和博士学位论文。不同层次的学位论文具有不同的数量和质量要求，不同的学校也有不同的要求。学位论文的写作通常在专业基础知识学习之后，学生即将毕业前半年或者若干年的时间内完成。

（1）学士学位论文的基本要求。学士学位论文通常需要写作 5000～10000 字，其质量要求主要有：论文写作具有理论意义和现实意义，能够独立地表达自己的观点，能够自圆其说，不存在前后矛盾、逻辑混乱的问题，提出解决问题的办法。学士学位论文强调学生获得论文写作的训练，通常不强调论文的创新性。

（2）硕士学位论文的基本要求。硕士学位论文通常需要写作 20000～50000 字，其质量要求主要有：论文写作需要具有理论意义或者现实意义，能够独立地表达自己的观点，研究问题的视角或者研究方法及研究成果具有创新性，不存在严重的逻辑错误，并提出解决问题的办法。同学士学位论文相比，创新性是硕士学位论文的核心和灵魂。

（3）博士学位论文的基本要求。博士学位论文通常需要写作 10 万字左右，其质量要求主要有：论文写作需要具有较强的理论意义或者现实意义，论文研究问题的内容或者研究方法要具有较强的创新性，不存在严重的逻辑错误，其研究成果对理论发展或者社会现实的发展具有重要的作用。同硕士学位论文相比，博士学位论文的要求更高。一位博士生长期研究某一问题，其毕业后通常就是研究这一领域的行家。

二、按照学科专业划分

按照学科划分，论文可以分为哲学社会科学论文和自然科学论文。

（一）哲学社会科学论文

哲学社会科学论文主要是指对复杂的社会现象进行分析、评价、提出解决问题建议的论文。哲学社会科学论文通常阐明社会发展变化的规律，提出问题，并提出解决问题的对策建议，其对策建议对社会发展具有建设性的指导意见。哲学社会科学论文按照专业划分，可以分为哲学、经济学、管理学、社会学、历史学、法学等方面的论文，不同专业的论文研究问题的思路和方法也不同。

（二）自然科学论文

自然科学论文主要是对自然现象的发展、变化进行分析、研究，揭示自然现象背后的规律或者特征的论文。自然科学论文按照专业划分，可以分为数学、物理学、化学、生物学、医药学、建筑学等方面的论文。

三、按照写作的内容划分

按照写作的内容划分，论文可以分为专题性论文、辩论性论文、综述性论文和综合性论文。

（一）专题性论文

专题性论文是指在分析前人研究成果的基础上以直接论述的形式发表自己的见解，从正面提出自己对某学科中某一学术问题看法的一种论文。专题性论文的特点是就某一问题发表自己的看法。专题性论文通常同作者从事的研究方向有关。例如，《2010—2030年我国劳动力供求缺口的预测与管理》，这一论文题目就属于专题性论文，主要考察未来20年我国劳动力供求缺口，并进行前瞻性的预测，其目的是指导有关管理部门重视劳动力供求缺口的管理，做到未雨绸缪，有效地配置劳动力资源。

（二）辩论性论文

辩论性论文是指针对他人在某专业领域内某一学术问题的见解，依据真实、可信的论据，着重揭露他人研究中的不足、偏颇或者错误之处，通过辩论的形式发表自己对同一问题的见解的一种论文。辩论性论文的特点是针对性比较强。其通常需要先叙述对方的主要观点，然后再表达自己的观点，说明自己不同意对方观点的主要理由。辩论性论文应当客观、理性，以理服人。

(三) 综述性论文

综述性论文也称文献综述，是指在归纳、总结前人或者今人对某学科中某一学术问题（或者某些学术问题）已经具有的研究成果进行综合性描述的文章。综述以综合地介绍近期的学术观点为论文的主要研究内容。综述性论文的特点主要有以下几个方面。

(1) 全面性。综述性论文通常需要作者全面地把握国内外学者对某一学术问题的看法，通常不得遗漏某些重要的学术观点，切忌随意收集一些资料就动手撰写综述，切忌只阅读了几篇中文资料就随意地拼凑成一篇所谓的综述。综述性论文不同于专题性论文，综述性论文不是研究某一具体问题，而是对某一具体问题研究的回顾。

(2) 准确性。综述性论文的素材来自前人或者他人的文章，必须准确地表达作者的原意，必须忠实于原文，不可断章取义，不可歪曲前人或者他人的观点。综述性论文在引用他人观点时应当直接引用，以注释的方式标注，以避免读者错误地领会原著作者的本意，以讹传讹。

(3) 专题性。综述性论文进行的研究通常是针对某一问题进行专门的回顾和评论，其研究的范围比较窄，内容比较深入，涉及的问题比较深，具有专业性强的特点。

(4) 时效性。综述性论文的时效性体现在对现实问题做出及时的反映，综述性论文使用的原始素材应当体现在"新"字上，即归纳、总结的内容通常是最近或者最新发表的文献、资料，一般不得将教科书、专著中的内容列入参考文献。这主要是因为教科书、专著发表的周期通常比较长，其观点有些滞后，时效性较差。

(5) 先进性。综述性论文的选题应当具有先进性，通常对当前研究、探讨比较多，将领先于时代的问题进行归纳、总结性的描述，其研究成果可以为别人的研究提供有益的借鉴和参考。

(四) 综合性论文

综合性论文是指将综述的写作方式和辩论性论文的写作方式有机地结合起来而写成的论文。综合性论文的作者通常在对国内外学者的观点进行综述的基础上再做出自己的评价,能够写出综合性论文的作者通常具有较深厚的学术功底,能够对原作者的文章有较深刻的理解,并独立地发表自己的看法。综合性论文除了具有综述性论文的特点外,还有一个重要的特点是综合性,是对综述的整体性、综合性的评价。在写作综合性论文的过程中,应当坚持材料与观点统一的原则,避免介绍材料太多而评价太少,或者依据较少的资料就进行泛泛的评价。综合性论文应当有作者自己的观点,具有鲜明的立场性,通常旗帜鲜明地表明自己赞同哪种观点,不赞同哪种观点,其理由主要有哪些。

四、按照价值取向的不同划分

按照价值取向的不同划分,论文可以分为理论研究论文和应用研究论文。

(一) 理论研究论文

理论研究论文是指通过对现象或者事件的观察,揭示现象或者事件背后的规律,或者提出、验证自己的设想,从而得出一般性理论或者定律的论文。例如,《社会保障水平的理论思考》[3]这一论文题目就属于理论研究论文,其作用在于丰富社会保障的理论研究。

(二) 应用研究论文

应用研究论文是指为解决现实中存在的某些问题而进行研究的论文,应用研究论文在现实生活中通常具有重要的参考价值,对于政府的决策管理也具有重要的参考意义。例如,《中国改革的道路将何去何从》这一论文题目就属于应用研究的论文,其作用在于为中国未来改革、发展的道路提出可供借鉴的发展方向,有助于解除个人心中的迷惑,认清中国改革发展的道路将何去何从。

五、按照研究问题的方法不同划分

按照研究问题的方法不同划分,可以分为规范分析的论文和实证分析的论文。

(一) 规范分析的论文

规范分析是指以法律、法规或惯例为评判正误的标准，阐述某一事物或者某一政策是否同法律、法规或者惯例相符合，最后阐述应当怎么样的研究方法。运用这种分析方法写作的论文就是规范分析的论文，例如，《金融凭证诈骗行为性质定性研究》。这一论文是依据法律、法规对金融凭证诈骗行为做出定性判断方面的研究，属于规范分析的论文，其作用在于规范金融市场秩序，防范金融欺诈行为的发生。

(二) 实证分析的论文

实证分析是指通过对研究对象大量观察、实验或调查，获得翔实、客观的材料、数据，依据从具体到一般的研究方法，归纳出问题的本质属性，或者揭示出事件具体发展规律的一种研究方法。运用实证分析方法写作的论文就是实证分析的论文，例如，《2020—2050年我国劳动力供求缺口的预测与管理》。这一论文是依据我国人口数据以及人口年龄结构发展的变化趋势，做出具有前瞻性的预测，其结论对于我国劳动力供求的管理具有提供数据参考的作用，属于实证分析的论文。在实证分析的论文中，掌握的数据资料越全面，揭示出来的事件发展规律就越准确。因此，学术界通常以10年的数据资料作为进行实证分析的最低样本数量。

思 考 题

1. 简述论文的特点。
2. 简述论文的创新性。
3. 简述论文的科学性。
4. 简述论文的作用。
5. 简述综述性论文的特点。

第二章
确定论文选题

确定论文选题是动手写作论文之前重要的一步。只有确定了具有研究价值的论文选题，论文才会具有理论价值和实践价值。不具有研究价值的选题，不管其使用的文字多么美妙、多么动人，也会毫无价值。可见，论文选题是决定论文成败与否的重要环节。

学习本章的目的有：了解影响论文选题的主客观因素，学习如何发掘论文选题，掌握发掘论文选题的方法以及如何确定论文题目。

第一节　影响论文选题的因素

论文选题是指论文研究的范围，即论文的写作是针对什么问题开展研究。论文选题同作者的兴趣、爱好、专业经历、学术能力和研究能力等密切相关。学位论文选题关系着作者的研究兴趣、专业知识和研究能力，关系着学生未来的工作方向，因此，学位论文选题的确定应当慎之又慎。论文选题受论文写作的时代背景等客观因素的影响，也受作者专业知识、认识水平等主观因素的影响。

一、客观因素对论文选题的影响

时代背景、热点话题、理论和社会实践的发展等客观因素是影响论文选题的重要因素。

(一) 时代背景对论文选题的影响

论文选题的时代背景是指社会政治、经济的发展处于何种状态。时代是思想之母，离开了某一时代背景，论文选题就不具有理论意义和现实意义。例如，《文化全球化背景下民族传统体育发展的思考》，这一论文选题表明，作者选择这一选题的时代背景是文化全球化。在文化全球化的背景下，一些中华民族传统体育项目的发展面临着外来因素的强烈冲击，面临着销声匿迹和进一步衰败的风险，如何规避民族传统体育项目销声匿迹的风险、发展民族传统体育项目是该论文讨论的问题。

(二) 热点话题对论文选题的影响

在当今社会政治、经济迅猛发展的时代背景下，理论界正在探讨的热点话题也是影响论文选题的重要因素之一。理论界正在研究的热点话题一般是当前亟待解决的理论或者现实问题，以热点话题为论文选题有助于当前热点话题研究的进一步深化，有助于在辩论中进一步明晰问题，以寻求解决问题的办法。例如，经济学界张维迎和林毅夫的争论，就是我国经济学界正在探讨的热门话题。张维迎认为，中国政府的产业政策仍然留有计划经济的色彩，是政府干预市场运行的表现。实现创新的唯一途径是，让市场机制充分地发挥作用，政府不再动辄干预市场，不给予任何企业、任何行业特殊政策，让企业、行业公平地参与市场竞争，让市场优胜劣汰的机制发挥作用。林毅夫则认为，中国经济发展需要政府主导的产业政策，政府有为的政策不可或缺，可以帮助对经济持续发展做出较大贡献的产业。许多发展中国家产业政策失败的原因除了执行能力的问题外，究其原因是支持不具有比较优势的产业，结果这些产业中的企业在市场竞争中缺乏自生能力，只能依靠政府给予的政策性补贴来维持生存。林毅夫还认为，中国改革开放的实践证明，务实的渐进双轨制是我国维持经济稳定和高速发展的重要原因。尽管社会各界对于张维迎、林毅夫的争论评价不一，莫衷一是，但是，这样的辩论有助于打破传统观念的禁锢，有助于解放思想，有助于寻求促进中国经济稳健发展的对策。

(三) 理论和社会实践的发展对论文选题的影响

理论和社会实践的发展对论文选题也有重要影响。缺乏理论和现实意义的论文选题不具有写作价值。

(1) 论文的理论意义。理论是由一系列逻辑上相互联系的概念、判断、原理等组成的知识体系。理论从较高层次上描述和解释某类现象的存在与变化，是对经验知识的高度抽象和概括。纳入专业教材加以讲授的内容通常是理论，某位专家、学者对于现实问题的看法通常较少写入教材中，因为其观点不具有一般意义。论文的理论意义是指某种学说或思想对原有的学说或思想具有一定的影响作用，这种影响作用既可以起到验证、深化原有学说或思想的作用，也可以起到推翻、颠覆、革新原有学说或思想的作用。论文选题的核心是实现理论研究上的突破和创新。

(2) 论文的现实意义。论文的现实意义是指某种学说或思想对现实的政治经济、生产、生活具有积极的指导意义，致力于解决现实社会的实际问题。例如，某同学要以"构建我国农民工的社会保障制度"为题写作学位论文，这个论文选题是不具有现实意义的。这是因为，农民工在进入城市后，应当同具有城镇户籍的劳动者一样，享有相应的社会保障待遇和福利待遇，应当同工同酬，为农民工单独设立社会保障制度是缺乏法理基础的。因此，这样的论文题目不具有研究价值。但是，如果以同工同酬、促进农民工参加社会保险为选题写作学位论文，就具有研究价值了，这一研究有助于促进农民工依法参加社会保险，有助于依法保护农民工的合法权益，有助于促进农民工同城镇户籍劳动者拥有同等的福利待遇。

二、主观因素对论文选题的影响

(一) 论文选题体现着作者的专业知识水平、学术素养和文化修养

通常，论文作者会选择自己比较熟悉的专业领域进行研究，这是作者进行广泛而深厚的学术积累的结果。论文选题通常是作者长期学术积累的体现。"学术积累之所以重要，还因为它与作者的问题意识和问题发现密切相关。学术积累是产生问题意识，是提出学科研究问题的基础。"在研究中，

我们往往为找不到或者找不准研究的问题而苦恼，其实这正是学术积累不足的结果。[1]学术积累越丰富，学术研究的信息条件越成熟，研究问题时考虑得就越成熟、全面。相反，如果选择自己不熟悉的专业领域进行研究，其研究只能浮于表面，往往难以深入地挖掘问题的实质。即使偶尔拼凑出一篇文章，也往往会在关键的地方出现错误，最后暴露出自己专业知识、学术素养或者文化修养的欠缺和不足。因此，论文选题体现着作者的专业知识水平、学术素养和文化修养。

（二）论文选题体现着作者的敏锐性和洞察力

如何在浩如烟海的理论问题、实践问题和相关数据信息中找到可以研究的论文选题，体现着作者发现问题的敏锐性和洞察力，体现着作者进行科学研究的经验、智慧和技巧。一个具有敏锐思维能力的人，往往能够敏锐地洞察到可以研究的选题，并对之进行深入的研究。在前人已有研究成果的基础上，要想取得突破性的成果是困难的，也是艰辛的，需要耗费大量的时间和精力。在科学研究面前，提出问题往往比解决问题更加重要。对此，论文作者需要寻找新颖的突破口，不人云亦云地确定论文的选题，这是学术研究至关重要的一步。

（三）论文选题能够引起读者的共鸣

选择能够引起读者共鸣的论文选题，有助于学术观点的推广和传播，有助于更多的人了解作者的学术观点，有助于解决社会政治、经济生活中亟待解决的现实问题。例如，当前我国公民"看病难、看病贵"问题是社会各界普遍关注的热点问题，由此，选择我国医疗保险问题研究更容易引起读者的共鸣，更具有现实意义。其意义在于促进政府管理部门尽快地解决公民"看病难、看病贵"的问题，增进公民的福祉。

（四）论文选题能够体现作者的兴趣、爱好和经验

兴趣是最好的老师。历史上许多发明、创造都同发明者的兴趣、爱好密切相关。论文选题也体现着作者的兴趣、爱好，论文选题通常是作者长期关注研究方向的结果，花费的时间越多，获得的收获通常就越多；研究的兴致越高，获得的收获通常就越多。同时，论文选题也体现着作者的写作经验、

写作能力、专业素养和知识水平。初写论文的人往往会有无从下手的感觉，这主要是由写作经验不足造成的；相反，一位写作经验丰富的学者通常能够顺畅地表达自己的所思所想。经验越丰富，研究的问题就越深刻，分析问题的逻辑就越严密。

第二节 如何发掘论文选题

发掘论文选题是一件费时、费力的工作，需要作者静下心来，耐心、细致地大量阅读国内外相关参考文献，了解国内外研究的现状、发展趋势和前沿问题，同时，要做大量的实验性工作，记录实验的数据，分析、研究别人已经发表的研究成果或者实验数据，并对别人的研究成果进行分类和整理，以发现其中的不足，并提出需要改进的地方。

一、发掘论文选题的基础工作

（一）大量阅读是确定论文选题的前提

伟大的历史学家范文澜先生在自己的书斋中悬挂了一副对联以自勉，对联的内容是："板凳要坐十年冷，文章不写一句空。"这句话是说，要搞好学术研究，需要较长时间的专业学习和研究准备，广泛地阅读参考书目，克服经济上的贫困和精神上的孤独，更要忍受"十年寒窗无人问"的压力，并克服各种困难。因此，学术研究之路是痛苦、艰辛的，也是寂寞的，喜欢喧嚣的人、急功近利的人、坐不住冷板凳的人，不适合走学术研究之路。

大量阅读是进行科学研究的第一步。知识、理论从来都不是凭空产生的，而是历史发展、传承的结果。英国文豪莎士比亚说过，书籍是全世界的营养品。生活里没有书籍，就好像大地没有阳光；智慧里没有书籍，就好像鸟儿没有翅膀。伟大的物理学家牛顿说，我之所以看得远，是因为站在了巨人的肩上。可见，大量阅读是进行学术积累和提高学术素养的重要途径。只有大量地阅读，才能对前人的研究成果有一个总体的把握，才能找出需要解决的问题以及解决问题的方向。"许多归之于伟人的'发现'，其实已经被人预见过了，或甚至已经由他们的被人遗忘的前辈明确提出过了。"[4] 这就是说，真理的发现是一代代人薪火相传的结果，是具有历史延续性的。相反，如果不掌握相关的文献资料，就不会发现这种连续性，有可能误入歧途。

（二）沟通、交流是确定论文选题的有效途径

沟通、交流是启发思路、碰撞思想火花的重要方法之一。许多专家、学者在相互交流、学习中相互启发，相互借鉴，以促进学术研究的发展。古人云："独学而无友，则孤陋而寡闻。""不闻不问、闭门造车"是确定论文选题的大忌。

沟通、交流的方式可以多种多样，不拘泥于形式。学术沟通交流是指针对某一选题由相关专业的研究者、学习者共同探讨、研究、学习的活动。学术交流可以采取座谈会、讨论、演讲、实验、发表成果等方式进行，学术交流的目的是交换信息、思想和观点，以启发人们进一步思考。同样，沟通、交流也是确定论文选题的有效途径之一。例如，师生之间的对话、交流，同事之间的争论、合作、建议等，都可以开拓思路、取长补短，都可以成为确定论文选题的有效途径。因此，学术交流活动是科学技术工作中个人钻研和集体智慧相结合的形式。

沟通、交流需要有学术自由的氛围。学术自由是指人们在学术问题上可以自由地思想、自由地研究、自由地发表看法。学术自由不仅是沟通、交流的需要，也是学术研究创新和发展的需要。

（三）分类、整理是确定论文选题的基础工作⊖

分类、整理是确定论文选题的基础工作，其主要包括以下几个方面。

1. 记录

在阅读的过程中，应当随时记录下对自己有启发的观点、论据和研究方法，并记录、标明记录的相关内容的文献来源，以方便日后查找。例如，记录某方面研究的最新成果，记录发表研究成果的书籍或期刊，可以采用手抄

⊖ 在自然科学领域内，反复试验是确定论文选题的基础工作。这是因为，理科论文的写作通常是在获得研究结论之后，其基础工作就是通过反复的实验获得新的发现或者发明。然后，再用学术论文的形式加以陈述。

或者存入计算机或其他电子设备的方法。在记录的过程中，并不需要"有言必录"，而是需要有选择、有目的、有重点地摘录，做到详略得当，有取有舍。

2. 分类、整理

研究者为了避免在浩如烟海的文献中感到无所适从，应当对文献的主要观点、论据和研究方法进行分类、整理，以避免杂乱无章、毫无头绪、晕头转向。例如，分析针对同一问题的研究有几种主要观点，其主要代表人物都有谁，其观点不同的核心点在哪里，争议各方的理由主要是什么，如何看待他们之间的争议，理由是什么。对此，弗兰西斯·培根在《新工具》一书中写道："我们不能像蚂蚁，单只收集，也不可像蜘蛛，只从肚子里抽丝，而应像蜜蜂，既采集又整理，这样才能酿出香甜的蜂蜜。"这里，弗兰西斯·培根强调了分类、整理的重要作用。

3. 反复地提炼、加工，去伪存真，去粗取精

在分类、整理的过程中，应当对参考文献中的学术观点进行反复咀嚼、消化；应当对主要观点之间的差异进行认真的比较，冷静、客观地思考，鉴别错误的数据、论点和研究方法，做到去粗取精、去伪存真，为我所用。学术论文中的国内外研究综述通常是论文作者进行论文选题研究的基础工作，需要对相关问题进行系统、全面的研究，这样不仅可以知道什么问题被提出来了，什么问题被解决了，什么问题还没有被解决，还可以知道以往人们提出解决这类问题的方式有哪些，是否存在一定的局限性。

二、如何确定论文选题

只有在反复比较、鉴别、思考的过程中，论文的作者才会逐步发现理论研究的缺陷和不足，寻找自己研究的切入点。在确定论文选题的过程中，应当随时记录下脑海中闪现出的火花，应当敢于提出自己的观点，并进行持之以恒的研究。切忌仅阅读了几篇论文，就以为自己理解了问题的精髓，继而盲目地确定论文的选题，从而导致论文题目频繁更换的情况出现。例如，学生学位论文的选题尤其不能盲目地频繁更换，这主要是因为，如果学生已经花了很长时间研究某一问题,再转向其他方向进行研究,会浪费很多时间和精力,有可能在规定的时间内无法完成学位论文的写作。因此,学生在确定学位论文选题的过程中应当多同导师商量,认真地听取导师的意见和建议。在硕士研究生、博士研究生培养的过程中,导师发挥着领路人的作用,引导着学生在知识的海洋中畅游,引导着学生逐步走入学术研究的殿堂,这也正是导师同学生之间师承关系的体现。

案例2.1 如何看待一场开题报告论证会

2019年3月7日,某高校会议室内正在进行一场硕士研究生开题报告论证会。会上,一位老师对学生的开题报告发表了自己的看法。这位老师认为,学生的论文题目《财产保险在跨国企业风险管理中的实务研究》题目太大,以至于其大纲写得太散,难以集中笔墨写清楚一个问题,希望学生重新写作开题报告。

案例分析

学位毕业论文开题报告论证会就是许多专家、学者沟通、交流学生论文选题的会议。有些老师认为,自己学生的论文题目被其他老师否定,指导老师就会感到脸上无光,甚至会觉得其他老师是在为难、刁难自己的学生,这是对学术沟通、交流的片面理解。殊不知,专家、学者提出批评意见的过程实际上就是完善学生学位论文题目、大纲的过程,也是论证学生思考问题方式、逻辑严密性的过程。

案例2.2 如何看待某同学对自己的评价

某学生即将大学毕业,他在准备求职,在个人简历中,他评价自己用了"博览群书"一词。你如何看待该同学对自己的评价?

案例分析

在当今科学技术知识爆发式增长的时代,学科的发展领域越来越细,我们每一个人都难以做到博览群书。读书较多的人只不过是在自己学习、工作或研究的领域知道得较多而已。其实,博览群书不过是围绕自己的爱好、兴趣进行了较多的研究。因此,建议学生审慎地使用博览群书一词,以免适得其反。

第三节 发掘论文选题的方法

发掘论文选题的方法主要有调查法、文献分析法、趋势分析法、比较研究法、关联法等,这些方法并不是独立存在,而是相互联系的。确定论文选题往往是综合运用各种研究方法的结果。

一、调查法（或经验积累法）

(一) 调查法的概念

调查法也称经验积累法,是指在自己从事的工作或反复试验、访谈中发现需要解决的问题。调查法是确定论文选题常用的基础方法。在描述性、解释性和探索性研究中,都可以使用调查法。调查法通常具有以下几个方面的特点。

1. 调查对象具有广泛性

搜集资料或者数据是调查法的基础工作。调查法使用的条件是有足够多的实验数据或者足够多的调查问卷。否则,难以从有限的经验中推导出具有普遍性的一般规律来。

2. 调查手段具有多样性

调查者可以采取问卷、访谈、测量、实验等多样化的方法进行调查。在调查研究的过程中,可以根据研究对象的大小、研究的目的和研究的性质来确定可以使用的调查方法。

3. 调查结果具有延时性

使用调查法获得的调查结果通常是研究对象以往的感受、体会,获得的是以往的数据,其总结、归纳的调查结果往往在研究对象或者事件发生以后,因此,调查结果具有延时、滞后的特点。

4. 调查方法具有实用性和可操作性

在调查研究的过程中,调查人员可以利用调查问卷、调查表、调查方案等方式进行调查,取得的调查结果具有较强的实用性和可操作性。

(二) 调查法的类型

1. 按照搜集资料的方式划分

按照搜集资料的方式划分,调查法可以分为访问调查法、调查表法、问卷调查法、观察法、测量法。

(1) 访问调查法。访问调查法是指通过上门调查或者电话访问被调查者来获得调查者所需要的信息和资料。访问调查法通常需要借助做笔记、录音、录像等方式,记录被调查者的叙述,以便于日后整理相关的信息和资料。

(2) 调查表法。调查表法是指调查者以编制好的调查表作为搜集资料的媒介发给被调查者,让被调查者按照表格上的项目逐一填写。调查表法通常需要在调查前设计好调查表,以便于被调查者依据简洁的表格回答问题。在制作调查表的过程中应当尽量全面地概括主要内容,以防止遗漏重要的调查内容。

(3) 问卷调查法。问卷调查法是指调查者运用事先设计好的问卷向被调查者书面了解情况或者征询意见。问卷调查法比调查表法更加简洁,被调查者通常只需要回答"是"或者"否",就可以反映问题的大致情形。

(4) 观察法。观察法是指调查者通过自己的感觉器官或者借助仪器设备长期观察所要研究的对象,并获得有关研究对象的数据和信息。观察法通常需要花费更多的时间、精力。

(5) 测量法。测量法也称测试法,是指调查者以测量表或者一定的测试题对被调查对象进行测量或者测试,获得与调查对象有关的数据或者信息。测量法通常需要调查者亲临现场进行测量,以获得被调查对象的第一手资料。

2. 按照调查对象的范围划分

按照调查对象的范围划分,可以分为普遍调查法、抽样调查法和个案调查法。

(1) 普遍调查法。普遍调查法是指对研究对象的全体无一例外地全部进行调查。例如,我国政府每隔一段时间开展的全国人口普查,就属于普遍调查。这种调查法的优点是,通过该种调查获得的资料具有全面性、准确性。但是,这种调查由于被调查对象数量比较多,工作量比较大,调查的成本比较高。

(2) 抽样调查法。抽样调查法是指按照随机的原则从被调查的全体对象中抽取出部分个体作为样本进行调查,以便能够通过部分样本的情况推测出整体的情况。这种调查法的优点是调查的样本较少,既可以节省工作量,又能够达到预期的研究目标。抽样调查法是普遍采用的一种调查方法。这种调查方法的缺点是部分个体样本属性或者特征有时难以代表整体样本的属性或者特征。

(3) 个案调查法。个案调查法是指专门对某一研究对象或者某一事件进行调查的方法。例如,案例分析就属于个案调查法。这种调查法的优点是可以比较深入地了解被调查对象,可以取得比较深入的有关研究对象的调查资料或者案情。这种调查方法的缺点是难以全面地了解具有普遍性的事件或者规律,容易以偏概全。

(三) 调查法的优点和缺点

1. 调查法的优点

调查法的优点有以下几个方面。

(1) 获得揭示问题的第一手资料。调查者对研究的问题通常比较熟悉,可以获得揭示相关问题的第一手资料,调查通常不受时间和空间的限制。

(2) 易于揭示主要问题。论文选题通常从调查、实践、工作中发现,会有较强的针对性,容易发现需要解决的具体问题。调查者可以对问题的轻重缓急程度有一个大致的估计,可以根据问题的严重程度进行排序,揭示亟待解决的主要问题。

(3) 针对性强。针对采访、试验、调查、工作中存在的问题确定论文选题,具有较强的针对性,可以有的放矢地解决实际问题。

2. 调查法的缺点

调查法也不是完美无缺的,其缺点有以下几个方面。

(1) 调查的时间成本比较高。调查法通常需要反复地试验、收集大量的现场调查资料，耗费的时间通常比较多。

（2）调查的资金成本比较高。调查法通常需要组织人员亲临现场调查。如果需要获得大量的数据支持，通常需要进行较大范围的调查，调查的资金成本比较高。

（3）受调查者水平的制约。能否在采访、调查、实践、工作中发现问题，取决于调查者的知识、能力和水平。在调查的过程中，调查人员可能无法发现被调查对象存在的问题。

（4）影响调查结果的干扰因素比较多。被调查人员的思想、知识、水平等因素，会影响调查的结果，进而使调查数据难以客观地反映现实问题。例如，本来是很严重的风险揭示，但是被调查人员认为不存在风险，就有可能导致研究者忽略重要的风险因素。

二、文献分析法

（一）文献和文献分析法的概念

文献是指包含各种研究对象的信息载体的总称。文献通常包括书籍、报纸、杂志等公开出版物，也包括档案、计算机网络中的内容等。例如，历史、文化等方面的研究，都需要参考已经发表的文献。文献是进行学术研究的基础，缺乏文献就如同盖房子没有砖一样。

按照来源划分，文献可以分为第一手文献和第二手文献。第一手文献也称原创资料，是指个人或组织基于某种意图记录下来而形成的资料，如日记、信函、自传、亲历人口述、回忆录、照片、会议记录、档案、调查报告、文物古迹等。第一手文献的特点是证据直接，准确性强。第二手文献也称转载资料，是指由不在现场的研究者编写的文字资料，如传说、后人写的历史、文章中引用别人的观点或者资料等。第二手文献的特点是证据间接，第一手文献比第二手文献更加可信。

文献分析法是指通过搜集、整理、分析和鉴别前人或者其他人的研究成果发现问题，最后确定需要研究的论文选题的方法。使用文献分析法通常需要大量阅读前人或者其他人的研究成果，并在已有研究成果的基础上发现问题。

(二) 使用文献分析法的条件

使用文献分析法的前提条件是保证文献的真实性、可信性和全面性。

由于社会政治经济、文化和思想观念的影响,有些文献尽管已经公开发表,但是其真实性存在诸多疑点,这样的文献在短期内可能会被引用,但是从长期发展的角度来看,是不具有研究价值的,这就需要我们在众多的文献资料中选择价值高、可信度高的资料。尽管使用文献分析法搜集的是第二手资料,但是也需要获得全面的文献资料。只有掌握的文献资料全面,不遗漏重要细节,才能准确地判断事物的属性或者发展趋势。

(三) 文献分析法的优点和缺点

1. 文献分析法的优点

文献分析法的优点有以下几个方面。

(1) 文献的真实性比较强。一些文献在出版的过程中已经经过编辑和评审专家的反复审查,这些文献代表着较高的研究水平,资料大多比较翔实,其真实性、可信性通常都比较强。

(2) 开阔思路。通过阅读前人或者他人的研究成果,研究者可以接触到时间跨度更长远、空间范围更广阔的研究领域,可以进一步涉及研究者未曾注意到的研究领域,开阔研究问题的思路。

(3) 发现问题的成本比较低。相比于调查法来说,文献分析法发现问题的成本比较低。因此,文献分析法也是学生写作学位论文时通常使用的方法。

2. 文献分析法的缺点

文献分析法的缺点有以下几个方面。

(1) 有些文献的质量难以保证。文献分析法属于间接获得信息的研究方法,是获得第二手文献的方法。论文作者在依据自己的兴趣、立场、意图使用文献的过程中往往带有较强的倾向性,有时甚至会使论文写作偏离原作者反映的事实面貌。鉴别文献真伪,剔除误解作者原意的文献,也是学术研究者需要具备的学术研究能力之一。为了防止误解原作者的本意,杂志社、出版社通常要求论文作者在引用文献的过程中注明资料来源，以便于读者进一步阅读、索引、分析、鉴别，这也是学术研究规范的基本要求之一。

（2）有些资料难以获得。有些文献会随着时间的流逝被损坏，有些文献尚处于保密状态，这会使论文作者难以获得足够的文献资料，进而限制作者的视野，影响论文选题和研究成果的价值。例如，某些政府机关的保密性文件、统计数据等，通常是论文作者难以获得的，对于难以获得的文件或者数据，论文作者就没有办法进行深入、细致的研究。

（3）搜集文献的全面性与否会影响论文作者研究的深度和广度。如果论文作者搜集的文献不全面，那么就会导致作者研究问题的深度和广度不足。

三、趋势分析法

（一）趋势分析法的概念

趋势分析法是指在学术研究或者专业学习的基础上分析理论或者实践发展的方向和态势，以取得前瞻性研究成果的方法。趋势分析法往往需要借助统计数据、财务报表、数理模型等分析工具进行实证分析。

（二）趋势分析法使用的条件

趋势分析法使用的条件是拥有的信息、数据具有真实性、可靠性和全面性。

1. 真实性

真实性是指拥有的信息、数据等资料能够真实地反映事物或者事件的属性，它是进行趋势分析的前提条件。

2. 可靠性

只有拥有的信息、数据等资料是政府、权威机构发布的信息或者是真实、可靠的调查结果，才能取得真实、可靠的趋势分析预测结果。

3. 全面性

只有拥有的信息、数据具有全面性，才能真实地反映事物的全貌，才能取得全面的事物或者事件发展趋势的预测结果。

(三) 趋势分析法的优点和缺点

1. 趋势分析法的优点

趋势分析法的优点主要有以下几个方面。

(1) 采用趋势分析法可以发现数据背后隐藏的规律或者数据背后存在的问题,这也是趋势分析法的优势所在。

(2) 预测的结果具有真实性。在进行趋势分析的过程中,作者通常使用政府统计部门公布的调查数据等权威性资料进行预测和分析,其预测的结果具有真实性、可靠性和全面性。

(3) 趋势分析法可以为管理、决策部门提供可靠的数据支持,进一步提高相关管理的科学性。

2. 趋势分析法的缺点

趋势分析法的缺点主要有以下几个方面。

(1) 趋势分析法的专业性比较强,对作者要求较高。趋势分析法是专业性比较强的工作,如果作者不具备一定的专业知识和数据分析技巧和能力,建议不要选择具有趋势分析特征的论文选题。

(2) 趋势分析法的分析难度比较大。运用趋势分析法写作论文的难度通常比较大,需要借助数理模型进行复杂的计算并进行实证分析。

(3) 趋势分析法对数据的要求较高。趋势分析法的准确性依赖于调查数据的真实性,只有调查数据真实、可靠,其得出的结论才是准确、可信的。

四、比较研究法

(一) 比较研究法的概念

比较研究法是指对物与物之间或者人与人之间的相似性或者相异性进行研究与判断的分析方法。比较研究法是根据一定的标准对两个或者两个以上相互关联的事物进行考察,寻找其异同点,探求事物普遍规律或者特殊规律的研究方法。

(二) 使用比较研究法的条件

1. 必须存在两种及两种以上的可比较事物

只有存在两种及两种以上的可比较事物，才能使用比较研究法。如果某一个事物是独一无二的存在，缺乏可以进行对比的参照物进行研究，那么就不能使用比较研究法。

2. 事物处于稳定状态

两种及两种以上的事物的特征处于相对稳定状态，才能进行对比研究；否则，就无法进行对比研究。某一事物如果处于相对不稳定的状态，就不存在进行比较分析的条件。

3. 必须有共同的基础或者共同的特征

使用比较研究法确定论文选题，首先需要确定研究对象是否具有可比性，这是两种及两种以上事物进行比较的基础。不属于同一范畴或者同一标准的事物不能进行比较，也不能使用比较研究法。

(三) 比较研究法的种类

1. 按照研究对象的数量划分

按照研究对象的数量划分，比较研究法可以分为单项比较研究法和综合比较研究法。

(1) 单项比较研究法。单项比较研究法是指按照事物的一种属性进行比较研究的方法。例如，对比我国社会保险与商业保险的经营主体，这是两种保险的经营主体的单一比较研究。

(2) 综合比较研究法。综合比较研究法是指按照事物的所有（或多种）属性进行比较研究的方法。例如，对比社会保险与商业保险的区别和联系，这是针对两种保险的综合比较，主要包括保障范围、经营主体、运营机制、保障目标、保障方式等方面的比较，属于综合比较研究法。

(3) 单项比较研究法和综合比较研究法的关系。单项比较研究法是综合比较研究法的基础；综合比较研究法是对单项比较研究法的综合和概括。通常，只有综合比较研究法才能达到全面揭示事物规律或者现象本质的目的。

2. 按照时间和空间划分

按照时间和空间划分，比较研究法可以分为横向比较研究法和纵向比较研究法。

（1）横向比较研究法。横向比较研究法是指对空间上同时并存的事物或者事件进行比较的研究方法。例如，对比中国、美国、德国 2017 年的国内生产总值及其结构构成。通过对比研究，我们可以发现我国国内生产总值及其结构构成同美国、德国国内生产总值及其结构构成的差别，从而为优化我国国内生产总值结构构成提供有益的经验借鉴。

（2）纵向比较研究法。纵向比较研究法是指对同一事物在不同时期的形态或者属性进行比较的研究方法。运用纵向比较研究法可以比较清楚地了解事物的发展、变化过程，揭示事物或现象的发展规律或者本质属性。例如，通过对比我国国内生产总值（GDP）及其结构构成从 1978 年到 2018 年的发展变化，可以了解我国国内生产总值及其结构构成的变化状况，可以了解我国三次产业从 1978 年到 2018 年的发展变化历程。

3. 按照研究目标取向划分

按照研究目标取向划分，比较研究法可以分为求同比较研究法和求异比较研究法。

（1）求同比较研究法。求同比较研究法是指寻求不同事物的共同点以确定事物发展的共有规律或者本质属性的研究方法。例如，分析社会保险与商业保险的联系，就属于求同比较研究法。通过分析我们可以发现，社会保险与商业保险都是分摊风险、转移风险的处理机制，都具有保障的功能。

（2）求异比较研究法。求异比较研究法是指寻求两个事物的不同属性，从而揭示两种事物不同属性或者特征的研究方法。求异比较研究法的作用是发现事物具有的特殊性。例如，对比计划经济与市场经济特征的不同，就属于求异比较研究法。通过对比我们可以发现，计划经济是政府对所有资源（原材料、资金、人员）进行统一调配的经济；市场经济是经济活动主体（政府、企业、个人）依据市场需求进行生产、配置资源（原材料、资金、人员）的经济。

4. 按照研究方法划分

按照研究方法划分，比较研究法可以分为定性比较研究法和定量比较研究法。

（1）定性比较研究法。定性比较研究法是指通过比较事物间的属性或者特征来确定事物的性质、属性或者特征的研究方法。例如，对比奴隶社会和封建社会的特点，就属于定性比较研究法。

（2）定量比较研究法。定量比较研究法是指通过对事物属性或者特征进行定量对比分析来确定事物的性质或者特征的研究方法。例如，通过对比企业不同时期经营的财务数据，可以分析企业的发展阶段是处于上升期还是衰落期，从而为企业的生产、经营提供数据指导。

5. 按照比较范围划分

按照比较范围划分，比较研究法可以分为宏观比较研究法和微观比较研究法。

（1）宏观比较研究法。宏观比较研究法是指从宏观层面上对事物的特征或者属性进行对比分析以确定事物的特征或者属性、规律的研究方法。例如，从宏观层面对比我国财政政策和经济政策对经济发展的影响。

（2）微观比较研究法。微观比较研究法是指从微观层面上对事物的异同点或者属性进行对比分析以确定事物局部的属性或者规律的研究方法。例如，对比某企业不同时期融资成本的变化来观察某企业的融资环境变化，为拓宽企业融资渠道提供有力的支持。

（四）比较研究法的优点和缺点

1. 比较研究法的优点

比较研究法的优点主要有以下几个方面。

（1）运用比较研究法，可以帮助研究者开阔思路，克服思路的局限性、狭隘性。

（2）运用比较研究法，可以帮助我们揭示事物的本质规律或者属性，以便透过现象看本质。

（3）运用比较研究法，可以帮助我们发现事物之间的差异，帮助研究者发现问题以及发现影响事物的主要原因。

（4）运用比较研究法，可以帮助我们获得解决问题的办法。

2. 比较研究法的缺点

比较研究法的缺点主要有以下几个方面。

（1）比较研究法通常具有一定的使用范围，超出一定的范围，就无法进行比较研究。

（2）研究结果具有相对性。任何比较都是以一个事物同其他一个或者多个事物进行比较，其得出的结论具有相对性，无法广泛地适用于所有的同类事物。

（3）比较研究的结论取决于作者的专业技术水平、能力和研究经验。如果研究者或者论文作者不具有一定的技术水平、能力和研究经验，即使进行比较研究，也无法获得预期的研究成果。

五、关联法

（一）关联法的概念

关联是指事物之间的联系和影响。关联法是指根据事物之间的逻辑联系找出影响事物的主要因素或者核心因素的研究方法。用关联法考察一个事物同其他事物之间的联系，有助于抓住事物的主要矛盾或者核心问题，有助于揭示事物的发展规律或者实践中需要重点解决的具体问题。例如，关联矩阵法就是将复杂的问题数学化，使问题更简单、更明晰的分析方法。论文题目的选择也可以关联到其他专业方向，可以进行跨学科、跨专业的关联研究。

（二）关联法使用的条件

使用关联法的条件是，一个事物同另一个事物具有一定的关联性。

（三）关联法的优点和缺点

1. 关联法的优点

关联法的优点主要有以下几个方面。

（1）关联法可以将复杂的问题简单化。关联法将多因素交织在一起的复杂问题进行分析和整理，可以将复杂的问题简单化，易于抓住事物主要矛盾或者找到影响事物的核心问题。

（2）关联法有助于迅速地解决问题。在使用关联法抓住事物主要矛盾的同时，可以及时地获得解决问题的对策。

2. 关联法的缺点

关联法的缺点主要有以下几个方面。

（1）受到论文作者知识水平的限制。由于论文作者的知识水平有限，可能会将不相关的问题或者事件联系在一起，进而影响作者对主要问题的研究。

（2）使用这种研究方法的成本较高。寻找一个事物同另一事物的联系通常比较困难，需要花费许多时间和精力，导致使用这种研究方法的成本较高。

第四节　确定论文题目

论文题目是对论文选题的高度概括和凝练，也是对论文中心思想的高度概括。论文写作通常需要围绕着论文题目抽丝剥茧地逐步展开，论文题目展示着论文的精髓，是引导读者认真阅读的指南。

一、论文题目的概念和分类

论文题目也称为标题，是论文总体内容的高度概括。论文题目通常要新颖、简练、高度概括，能够引人入胜，吸引读者。

（一）按照表达方式划分

按照表达方式划分，论文题目可以分为判断式论文题目、疑问式论文题目和祈使式论文题目。

（1）判断式论文题目。判断式论文题目是指运用判断句式表达的论文题目。例如，《我国长期照护保险制度发展存在的问题和对策》就使用了判断句式，研究的范围是我国长期照护保险制度，论文的宗旨是解决我国长期照护保险制度发展中存在的问题。

（2）疑问式论文题目。疑问式论文题目是指运用疑问句表达的论文题目。例如，《我国农业剩余劳动力供给到达"刘易斯拐点"了吗》，这一论文题目就使用了疑问句式。这一题目会吸引读者发出"是否到达'刘易斯拐点'"的疑问，进而引导读者深入阅读。

（3）祈使式论文题目。祈使式论文题目是指运用祈使句式来表达的论文题目。例如，《请踏踏实实地搞好民生问题》，这一论文题目就使用了祈使句式，较强烈地表达了作者的写作意图。

（二）按照作用划分

按照作用划分，论文题目可以分为主标题和副标题。

（1）主标题。主标题是指一个高度概括论文核心思想的标题。主标题是论文的"眼睛"。一个人的眼睛展示着个人作为独立个体的精、气、神。同样，一个抢眼球的主标题会吸引读者深入地、津津有味地阅读。反之，一个平淡无奇的标题并不会引起别人的注意，如同茫茫人海中一个相貌平平的人，难以给人留下深刻的印象。

（2）副标题。副标题是指进一步说明主标题的标题。例如，在《我国农业剩余劳动力供给到达"刘易斯拐点"了吗——与蔡昉同志商榷》。在这一论文题目中，"与蔡昉同志商榷"就属于论文的副标题，论文的副标题告诉读者，论文作者要同蔡昉同志讨论问题，限定了研究问题的范围。又如，在《没有规矩不成方圆——新制度经济学漫话》中，"新制度经济学漫话"进一步说明，书籍研究的范围是新制度经济学中的"规矩"和"方圆"。副标题通常跟在主标题之后，说明研究的时间、涉及的范围或者学术观点。

（三）按照层次划分

按照层次划分，论文题目可以分为总标题和分标题。

（1）总标题。总标题也称为大标题，是指标题中概括全篇主要内容的标题，总标题使用的字号通常最大，以突出其在论文中的地位和作用。

（2）分标题。分标题也称为小标题，是指用于概括论文中每一部分内容的标题，论文分标题通常就是论文的大纲。分标题使用的字号通常比总标题略小，但是分标题使用的字号通常比正文中内容的字号要大。

（四）按照涉及的内容划分

按照涉及的内容划分，论文题目可以分为揭示研究内容的论文题目、揭示研究范围的论文题目和揭示研究目的的论文题目。

（1）揭示研究内容的论文题目。揭示研究内容的论文题目直接告诉读者这篇论文研究的内容，这类论文题目可以比较直接地表达作者研究的内容。例如，《关于社会保障水平的理论研究》这一论文题目就是直接告诉读者作者研究的内容。

（2）揭示研究范围的论文题目。揭示研究范围的论文题目直接告诉读者这篇论文研究的范围。例如，《东北经济比较竞争优势研究》这一论文题目直接告诉读者作者研究问题的范围。

（3）揭示研究目的的论文题目。揭示研究目的的论文题目直接告诉读者这篇论文的研究目标。例如，《解决弱势群体社会保障问题的对策》这一论文题目就直接告诉读者作者旨在解决的问题。

二、确定论文题目的作用

（一）论文题目可以反映论文研究的核心内容

论文题目是论文内容的高度概括和凝练。如果一篇论文像一张大网，那么论文题目就是纲。论文题目应当在写作论文正文之前确定，只有如此，论文的写作才会围绕着题目层层展开，对问题进行深入挖掘。也许有人会说，我先慢慢地写一写，等我写完了，再确定论文题目。这种做法是错误的。这会使论文作者往往会忘记自己要写什么内容，从而导致内容偏离论文研究的主题，这也就是我们俗称的跑题。

（二）论文题目可以引导读者选择是否阅读

在当今知识爆炸的时代，学术界的研究成果比较多，令人眼花缭乱、目不暇接。引人入胜的论文题目可以起到画龙点睛的作用，可以吸引读者深入地阅读，扩大学术研究成果传播的范围和影响。相反，一个平淡无味的论文题目就很容易被人忽视，不利于学术研究成果的传播和推广。"好酒也怕巷子深"，就是这个道理。

（三）论文题目可以反映作者研究的深度和广度

读者一看论文题目，就能够大致地知道论文涉及的研究对象、研究范围、研究目的、研究方法和研究成果。例如,《2020—2050 年我国劳动力供求缺口的预测与管理》,这一论文题目表达的研究对象是我国劳动力的供给和需求,研究方法是实证分析,研究目的和结果是对我国劳动力的供求缺口进行有效的管理。

三、确定论文题目的原则和方法

(一)确定论文题目的原则

1. 论文题目必须具有时代性、现实性

时代的发展客观上需要理论上的升华和总结,论文题目应当反映现实的时代精神和科学技术发展的现实状况,这是确定论文题目的基本原则之一。

2. 论文题目必须具有价值

写作论文的最终目的是解决理论问题或者现实问题。论文题目应当结合当前科技、社会和经济发展的现实状况,选择契合时代发展和科技研究前沿的论文题目,力争解决现实生活中亟待解决的重大问题和科学研究中亟待解决的前沿问题。

3. 论文题目必须具有创新性

缺乏创新的视角、研究方法、对策的论文是没有价值的,选择缺乏创新点的论文题目会浪费大量的人力、物力。

案例 2.3　学术界的"皇帝的新衣"

某日,某副教授以拍照的方式发布了某校博士学位论文答辩的邀请函。邀请函上公布的毕业论文题目为:《员工绩效和家庭对工作干扰影响工作场所不道德亲组织行为研究:感知到的职责履行的中介作用》。这位副教授问道:"就问你,你读懂题目了吗?"看了这样的学位论文题目,你知道作者写作的核心思想是什么吗?这样的论文题目,你能够读懂吗?

案例分析

这样的论文题目不仅大家看不懂,估计论文指导老师、评审老师、答辩老师都看不懂。但是,这样晦涩、难懂的毕业论文题目为什么能够通过层层把关,到达博士学位论文答辩这一环节呢?这大概也是熟悉博士研究生培养流程的导师们百思不得其解的问题。

一篇博士学位论文到达答辩环节，起码需要经过"确定题目——同导师商量论文题目——开题报告论证会——同行专家评议"这一系列的程序。高校设置这些程序的目的是为了控制学位论文的质量，使其达到质量要求。在上述这些程序中，如果有一位老师认真对待，对论文题目提出自己的意见，那么这样令人不知所云的论文题目就不会出炉。看来，博士学位论文也如同皇帝的新衣一般，谁都喜欢相互吹捧，不愿意说出真话，不愿意充当挑战其导师学术权威地位的人。最后，年纪轻轻的这位副教授成了告诉大家"皇帝没有穿衣服"的男孩。

案例2.4 请分析下列论文题目。

(1)《完善我国长期护理保险制度的构想》。

(2)《完善我国企业年金信息披露制度的构想》。

(3)《2020—2050年中国劳动力供求缺口的预测和管理》。

案例分析

(1) 分析《完善我国长期护理保险制度的构想》这一论文题目。这个论文题目是具有现实意义的。当前，我国人口老龄化态势日益严峻。截至2016年年底，60岁及以上的人口达到2.3亿人，65岁及以上的人口达到1.5亿人。60岁及以上的人口以每年700万～800万人的速度在增加。在这些老人中，重度失能、完全依赖他人护理的人口占同一年龄段内人口的比重从60～69岁低龄老人的6%上升至80～89岁高龄老人的23%，90～99岁老人完全依赖他人护理的比例则更高。目前，我国家庭中，有7%的家庭有老人需要长期护理，这些需要长期护理的老人大约有3000万人。在这种情况下，研究我国长期护理保险制度的完善问题，具有较强的时代性和现实性，有助于解决失能或半失能老人的长期护理问题。

(2) 分析《完善我国企业年金信息披露制度的构想》这一论文题目。这个论文题目具有现实意义。当前，我国企业年金的发展方兴未艾，企业年金基金的投资运营面临的问题也比较多。在此背景下，研究我国企业年金信息披露制度的完善，有助于保护参保职工的权益，有利于企业年金基金资产的安全和保值增值，有助于企业年金接受参保职工的监管。

（3）分析《2020—2050年中国劳动力供求缺口的预测和管理》这一论文题目。这个论文题目是预测未来30年我国劳动力供求缺口的前瞻性研究，有助于政府相关决策部门及时掌握我国劳动力供求的动态发展状况，有助于我国劳动力资源的优化配置。

（二）确定论文题目的方法

学习确定论文题目的方法，有助于更契合地表达研究意图或写作意图，从而更准确地表达自己的学术观点。

1. 论文题目应该言简意赅、清楚明了

学术论文题目应当使用平铺直叙的口吻来表达，较少使用疑问句式或者祈使句式。拟题时，需要做到以下几点：①论文题目应当尽量不要使用副标题，以避免一题多论，难以集中精力研究问题。②论文题目应当避免使用不常见的省略词，以避免引起歧义，导致读者百思不得其解。③论文题目应当准确清楚，不应当使用含糊不清的词语，以避免引起歧义，导致在写作的过程中偏离主题。④论文题目应当避免使用首字母缩写字、字符、代号和公式，避免非专业人士看不懂，从而引起歧义。⑤论文题目应当避免使用"玄之又玄"的词语，避免读者感到不知所云。⑥论文题目不宜过长。论文题目通常应当将字数控制在20字以内，外文题目不宜超过10个实词，以避免题目过长，给人累赘、烦琐的感觉。

2. 论文题目应该准确地反映论文的核心思想

论文题目应当准确地概括作者研究的内容，应当契合作者研究问题的深度和广度，恰如其分地表达论文的创新之处。论文题目不应当随意地放大论文研究的对象，也不应当随意地缩小论文研究的对象。论文题目通常为一句短语或者一个完整的句子，以便于清晰地表达论文的中心思想，应避免使用烦琐冗长的形容词。论文题目涉及的核心概念不宜过多，最多为2个，最好为1个。论文题目涉及的核心概念超过2个时，会让人难以把握论文到底在研究什么，也会分散论文的研究主题。

3. 论文题目应该规范地表达

学术论文题目应当令人赏心悦目，能够吸引读者的注意力并且引人入胜。一个精彩的论文题目往往能够起到"画龙点睛"的作用。味如嚼蜡、平淡无奇的论文题目通常难以引起读者关注，无法激发读者的阅读兴趣。论文题目应当避免使用符号、化学结构式、数学公式、简称、缩写、商标等令人难懂或者容易引起歧义的词语。

4. 论文题目应该确定具体的研究范围

论文题目通常会将学术研究限定在一定的范围内。如果论文题目确定得过宽，虽然看似"大而全"，但是会使论述浮于表面，难以深入地发掘问题、解决问题。如果论文题目确定得过窄，虽容易深入地发掘问题，但是研究者往往会因为资料不足而难以完成预期的任务。如果学生的学位论文题目确定得过窄，那么往往会造成学生无法按照论文题目的要求顺利完成学位论文的写作，会影响到学生能否顺利毕业。

5. 论文题目应该区分研究的对象是具体问题，还是一般理论

如果论文题目是研究具体问题，那么对于学生来说比较容易写作；如果论文题目是研究一般理论，那么对于学生来说通常研究的难度比较大，不太容易完成。从这一角度来看，在理论上实现突破也是比较难的。在写作毕业论文的过程中，有些学生不区分自己是在研究具体问题，还是一般理论，随意地扩大或者缩小论文研究的对象，这就是不区分研究对象是具体问题还是一般理论的表现。例如，有位学生的论文题目是"工会在协调劳动关系中的作用"。显然，这个题目是研究工会的作用，属于一般理论的研究。也就是说，论文研究不仅包括我国工会组织的作用，而且还包括其他国家工会组织的作用。但是，这位学生在论文写作的过程中，直接就写我国工会在协调劳动关系中的作用。显然，这样的写作随意地将针对一般理论的研究改变为针对具体问题的研究，同时也缩小了论文的研究对象，其结果是文不对题，需要修改。

案例2.5 区分论文题目的研究对象是具体问题还是一般理论

（1）《认知失调与矿难——我国矿难频发的行为经济学解释》。

（2）《东北振兴战略：构建综合优势比较竞争力》。

（3）《社会保险基金的管理》。

案例分析

论文题目（1）和（3），都是在研究、探讨一般理论，不仅研究我国的状况，而且还研究其他国家的状况。其中，论文题目（1），虽然具有副标题，但其含义是以我国的矿难频发这一现象来解释认知失调和矿难这一一般性的理论问题，因此，也是在研究一般理论。论文题目（2），是研究具体问题，就是以综合优势比较竞争力来确定东北振兴的战略。

案例 2.6　以下论文题目，你如何评价

(1)《从社区养老的现状看养老保险存在的问题》。

(2)《我国农村医疗保险制度探析》。

(3)《要养老，买保险》。

(4)《我国养老保险基金的管理》。

(5)《港口风险管理制度研究》。

案例分析

论文题目（1）存在的问题主要有以下几个方面：①论文题目存在逻辑错误。从社区养老的现状，很难发现养老保险制度存在的各种问题，存在着以偏概全的问题。②论文写作的宗旨是分析问题和解决问题，而不是提出问题。在这个论文题目中，看不出作者试图分析问题、解决问题方面的内容。③论文题目累赘，不简洁，也不规范。

论文题目（2）存在的问题主要有以下几个方面：①研究的范围过宽，容易浮于表面，难以深入发掘问题，难以取得令人信服的研究成果。②题目使用"探析"二字含义模糊，表达意思不明确。③论文题目不规范，难以规范地表达论文要研究的主要内容。

论文题目（3）虽然不存在语法错误，也言简意赅，但是该论文题目属于不规范的论文题目，过于口语化，必须进行修改。

论文题目（4）研究的对象过于宽泛，不利于深入发掘问题，难以得出有分量的研究成果。

论文题目（5）研究的范围也比较宽泛。港口的人力、财力、物力都面临比较大的损失风险，可以列举出许多问题来。例如，港口的工人面临工伤的风险，港口的乘客面临受伤的风险；港口的船舶、设施面临财产损失的风险；港口的货物也面临损失的风险。作者究竟要研究哪类风险没有准确地表达出来，因此这个论文题目研究的范围过宽，有待于进一步具体说明港口的哪类风险需要进行管理。

案例2.7　大学生学位论文题目选择应当注意的几个问题⊖

通过四年的学习，大学生通常会掌握一定的专业基础知识。在大学生学位论文的选题上，必须遵守的原则有科学性、创新性、学术性、专业性等。结合大学生自身实际的实际情况，应当注意以下问题。

(1) 尊重学生的选择。在论文题目的选择上，要尊重学生个人的兴趣、爱好，鼓励学生多读、多思，勇于质疑权威，主动发现问题，寻找解决问题的方法。在论文题目的选择上，指导教师应当根据学生的兴趣、爱好列出相关阅读书目，帮助学生克服困难，引导他们关注现实、关注热点问题。

尊重学生的选择，还体现在从学生的主观、客观条件出发，对学生的研究能力做出理性的判断。例如，由于大学生自身知识储备不是很丰富，加之平时写论文的训练比较少，学生的选题通常缺乏新意，这是指导老师不得不接受的客观现实。如果一味地要求在观点、理论、研究方法上进行创新，大多数学生会做不到。也就是说，本科生学位论文应主要侧重于论文写作训练，让学生学会收集资料、组织文字，能够自圆其说地分析问题和解决问题。

(2) 注重论文选题的可行性。在帮助学生确定论文选题的过程中，除了关注学生的兴趣、爱好、特长外，还需要考虑学生的理论水平、知识储备、时间进度安排等因素。只有充分估计学生的能力，才能确定符合学生能力的选题，确保学位论文的顺利完成。

(3) 注重论文选题的专业性。专业是指根据学科分类和社会职业分工需要分门别类地进行专门知识教学和研究的基础类别。高等院校从事的专业教学大多属于高层次、系统性、综合性的专业教育，其课程设置并非杂乱无

⊖　资料来源：百度经验，https://jingyan.baidu.com/article/da1091fbdefaea027849d61b.html.

章，而是以学科为依据，与职业发展方向相适应。高等院校培养专业人才有明确的目标、标准和年级层次等方面的要求。高等院校的专业性要求大学毕业生在确定论文题目时必须同自己所学的专业领域相关，同本专业关系不大的选题不能作为学位毕业论文的选题。

思 考 题

1. 简述影响论文选题的因素。
2. 如何确定论文选题？
3. 简述调查法的优势和劣势。
4. 简述文献分析法的优势和劣势。
5. 简述趋势分析法的优势和劣势。
6. 简述比较分析法的优势和劣势。
7. 简述关联法的优势和劣势。
8. 简述确定论文题目的原则。

第三章
确定论文写作大纲

论文写作大纲犹如工程的蓝图、房子的框架,是论文的基本框架结构,也是作者构思谋篇的具体体现。确定严谨、合理的论文大纲,可以达到事半功倍的效果。

学习本章的目的有:了解论文大纲的概念、类型和作用;了解确定论文大纲的原则;掌握确定论文大纲的方法;培养分析、审视论文大纲缺陷、不足的能力。

第一节 论文大纲的概念和作用

在论文写作的过程中,论文大纲发挥着提纲挈领的重要作用。

一、论文大纲的概念和类型

(一)论文大纲的概念

论文大纲是指反映论文主要内容的主体框架和结构,是作者写作论文前的必要准备工作,也是作者深思熟虑的结果。论文大纲也称为写作思路或者研究思路。凭借论文大纲,作者、研究者、导师可以明晰论文涉及的主要内容、内容之间的逻辑关系、预期取得的研究成果等。

(二) 论文大纲的类型

按照大纲的简易程度划分，论文大纲可以划分为简单大纲和详细大纲。

1. 简单大纲

简单大纲是指高度概括论文核心思想的大纲，通常只涉及论文的要点，不涉及如何展开相关问题的研究。

2. 详细大纲

详细大纲是指将论文主要观点和展开部分较为详细地列示出来的大纲。详细大纲不仅涉及论文的主要观点，还涉及如何展开问题的研究。详细大纲在层次上比简单大纲更加详细、深入。

二、论文大纲的作用

论文大纲应该在写作论文之前确定，论文大纲的作用主要有以下几个方面。

(一) 确定论文大纲可以把握论文写作的方向

在准备写作论文的过程中，确定论文大纲可以帮助作者把握论文的写作方向，防止其思考问题的方向偏离论文主题太远。为了防止作者在写作论文的过程中跑题，导师通常会先审查作者提交的论文大纲。导师审查论文大纲合格后，才会告知作者可以动笔写作学位毕业论文。在写作学位论文之前，高等院校通常会针对硕士研究生、博士研究生举办一场或者两场开题报告论证会，举办开题报告论证会的目的是审查作者研究问题的思路和框架结构是否严谨、合理。硕士研究生、博士研究生的开题报告被确定为合格后，才可以写作学位论文。

(二) 确定论文大纲可以理顺写作的思路

论文大纲通常是由序号和研究内容构成的具有逻辑联系的整体，是可以预期的写作计划，其目的是让作者把握论文的全局，使论文的框架结构、思路更加科学、合理。准备论文大纲的过程也是逐步理顺写作思路的过程。

(三) 确定论文大纲可以明晰问题

作者在阅读参考文献、准备论文大纲的过程中可以逐渐明晰需要研究的问题，并对研究对象有一个整体的把握。同时，论文大纲也可以便于学生有条理地安排材料，展开论证，并为完成论文的写作做好准备工作。

（四）确定论文大纲可以把握全局

论文大纲可以帮助作者勾勒出论文全面的框架和轮廓，进而对论文结构形成完整、有序的结构安排。写作学术论文不同于写诗歌、写散文。写诗歌、写散文可以采取描写、抒情、议论等方式，其宗旨是形散而神不散。学术论文则不同，学术论文是严谨、理性、明确的，不能漫无边际、模糊不清，必须提供翔实、可靠的数据支撑，规范、有序地表达学术观点。

（五）确定论文大纲可以引导读者阅读

翻开一本学术专著或者阅读一篇学位论文，只要翻看目录或者大纲，通常就可以知道论文涉及的主要内容。目录或大纲通常放置在论文正文的前面，不仅具有提纲挈领、概括全篇的作用，也具有引导读者阅读的作用。

第二节　确定论文大纲的原则

论文大纲如同将珍珠连接起来的线绳一样，将散落的珍珠串联成精美的项链，成为人们喜爱的艺术品。确定论文大纲需要把握以下几个方面的原则。

一、把握全局的原则

这一原则要求作者在写作论文之前从全局的角度出发，充分考虑大纲中每一部分内容在论文中的地位和作用，既能够高屋建瓴地把握论文的全局，又能够将每一部分的内容安排得严谨、有序，呼应全局，为全局服务。遵循这一原则，可以避免论文写作中因小失大、只顾一点不计其余。

二、紧扣主题的原则

这一原则要求作者在确定大纲时紧紧围绕论文主题，时刻审视论文大纲是否偏离主题。如果有偏离主题的分论点，那么就应当舍弃。对此，作者应当时刻秉承为论文主题服务的原则，舍去同研究主题无关或者关系不大的数据、资料、论点，游刃有余地驾驭资料，做到文献、资料、论点为主题服务。遵循这一原则，可以避免论文写作中使用的数据、资料偏离主题。

三、主次分明的原则

主次分明原则要求作者将论文中的重点部分在大纲中详细地列明，做到详略得当，突出重点。完整的论文大纲应当详细地列明论文主要部分的大纲，其作用主要有以下几个方面。

1. 便于突出重点，做到主次分明、详略得当

遵循这一原则，可以避免论文大纲不区分主要和次要，避免论文大纲如流水账一样，难以突出需要揭示的重点问题。其实，论文写作的目的是提出自己创新性的成果或见解，论文的大纲也应当围绕研究成果的创新点来逐步展开。

2. 便于研究者记录自己的思路和观点

论文大纲的重要作用之一是帮助作者记录自己的思想和观点，避免遗漏重要的观点，也避免日后遗忘自己的思路和想法。

3. 便于导师深入地了解学生思考问题的思路

对于写作学位毕业论文的学生来说，论文大纲帮助指导老师深入地了解学生思考问题的思路，并对其思路有一个大致的评估，便于指导老师及时发现问题，帮助学生修正论文大纲。

4. 便于导师指导学位论文

论文大纲确定后，只要学生按照论文大纲进行学位论文的写作，就可以顺利完成学位论文。这里，论文大纲还发挥着约束学生写作方向的作用。

第三节　如何确定论文大纲

按照详略程度划分，论文大纲可以分为简单大纲和详细大纲两种。一般来说，论文大纲写得越详细，未来写作论文就越容易；论文大纲写得越简略，未来写作论文就越困难。古人云，袖手于前，方能疾书于后。只有经过反复推敲、深思熟虑后确定的论文大纲，才能够经得起别人的质疑，才不会出现论述上的漏洞或者逻辑错误。确定论文大纲需要注意以下几点。

一、论文大纲应该由浅入深

论文大纲应当从容易理解的、浅显的事物或者现象写起，逐步地深入，揭示研究对象存在的问题及造成问题的主要原因，直至提出解决问题的对策建议。这样由浅入深、层层递进地剖析问题，便于作者逐步推进地表达自己的思想观点，也便于吸引读者阅读，激发读者阅读的兴趣。

二、论文大纲应该具有内在逻辑联系

人们通常将原因（或条件）和结果之间的关系统称为逻辑关系。论文大纲各部分之间应当具有内在的逻辑联系，前一部分内容通常为后一部分内容进行铺垫，后一部分内容通常是前一部分内容的深化研究。要正确处理论文大纲之间的逻辑联系，增强论文的逻辑力量，必须学会运用逻辑思维的方法。逻辑思维方法是一个整体，它由一系列既相互区别又相互联系的方法组成。其中，主要方法有：归纳和演绎的方法，单项分析和综合分析的方法，从具体到抽象和从抽象到具体的方法，逻辑和统一的方法。逻辑思维方法是写作论文中进行内容安排和逻辑论证经常使用的方法。[1]逻辑思维方法也使论文大纲具有严密的逻辑性，使研究成果经得起质疑，不容易被推翻。

三、论文大纲应该言简意赅

论文大纲是论文的分论点（或称分标题），论文大纲如同论文题目一样，应当言简意赅，观点明确，避免使用过于冗长的词句、容易引起歧义的

---

[1] 资料来源：百度经验，https://jingyan.baidu.com/article/a65957f4a80e8e24e77f9b7f.html。

词句以及模糊的词语。

四、论文大纲应该主次分明

论文大纲应当分清重点与非重点的部分，着重解决重点、难点问题以及具有创新性成果的问题，以突出论文研究的重点。当然，在突出论文研究重点的同时，也要兼顾非重点部分在论文中的作用。论文中的非重点部分通常起着介绍、铺垫、承接等方面的作用。

案例3.1　以下论文题目和大纲，你如何评价

中国医疗保险制度改革研究

一、传统医疗保险制度的状况和出现的问题

二、新医疗保险制度的出台

三、医疗保险制度改革的必要性

四、医疗保险制度改革的成效

五、改革后医疗保险制度存在的问题及对策

六、医疗保险制度今后的发展

案例分析

此论文题目太大，除此之外，论文大纲存在的问题主要有以下几个方面：①论文大纲存在逻辑错误。新医疗保险制度已经出台，就没有必要再分析医疗保险制度改革的必要性，论文大纲第二、三部分的写作顺序存在问题。②使用词语不规范。"新医疗保险制度"这个词的使用很不规范。其实，经过几年之后，新的东西就会变成旧的东西，论文中不应当使用"新医疗保险制度"这样的词句。③论文大纲主次不分。论文的重点是医疗保险制度改革后存在的问题和解决问题的对策。但是，在这个论文大纲中看不出这部分是重点，反而在第五部分才写作。④第六部分——医疗保险制度今后的发展，这样的表达很不规范。

针对以上问题，建议论文大纲进行如下修改：①将论文大纲第一、二、三、四部分合并，简略地写作。②将上述论文大纲的第五部分拆开，分别写医疗保险制度改革后存在的问题和解决问题的对策，这两部分的内容是论文需要研究的重点，应当详细地写作。修改后的论文大纲如下。

中国医疗保险制度改革研究

一、中国医疗保险制度改革的现状

二、中国医疗保险制度改革的问题

三、解决中国医疗保险制度改革问题的对策

四、中国医疗保险制度发展的展望

案例3.2 以下论文题目和大纲，你如何评价

工会在规范劳动关系中应发挥更大的作用

一、我国劳动关系的现状

（一）取得的成绩

（二）存在的问题

二、工会在规范劳动关系中可以扮演的角色

三、工会为调整劳动关系应当做好的工作

案例分析

此论文题目不够规范，除此之外，论文大纲存在的问题主要有以下几个方面：①大纲第一部分和第二、三部分不相关，相互之间不存在逻辑联系。②大纲第一部分跑题，和论文题目没有关系，需要删掉。③论文题目中的"作用"和大纲中的"角色"不是一个概念，存在着偷换概念的问题，应该改为：工会在规范劳动关系中的作用。④论文大纲第二、第三部分之间的关系不明确，存在同一事情从不同角度论述两遍的问题，建议论文大纲第二、三部分合并。

案例3.3 以下论文题目和大纲，你如何评价

资源性贫富差距与社会稳定

一、引言

二、资源性贫富差距的含义与分类

三、资源性贫富差距形成的原因

四、资源性贫富差距的社会心理分析

五、结论与对策建议

案例分析

此论文题目涉及两个问题：一是资源性贫富差距，二是社会稳定。论文题目涉及两个问题，论文通常比较难写，论文题目涉及的两个问题一定存在着一个交叉点。如果不存在这个交叉点，就没有必要将这两个问题放在一个题目当中来写作。这个论文大纲的问题主要有以下两个方面：①资源性贫富差距的社会心理分析同社会稳定不是一个概念，存在着偷换概念的问题。②论文大纲缺乏发现问题和解决问题的分析，需要进一步修改，以突出重点。

思 考 题

1. 简述确定论文大纲的作用。
2. 简述确定论文大纲的原则。
3. 如何确定论文大纲？

第四章
写作论文的方法和技巧

写作论文的过程是艰辛的，需要写作者充分了解论文所涉及的专业领域和相关知识，充分了解前人的研究成果，并在前人或者他人研究成果的基础上有所创新。学习本章的目的有：掌握写作论文的原则和方法，了解学位论文写作的总体原则、主要内容和格式等。

第一节 写作论文的原则和方法

写作论文需要遵循一定的原则，这些原则贯穿于论文写作的始终。本节在讲授写作论文的原则的同时，也简述了写作论文的方法。写作论文通常需要遵循以下原则。

一、立论客观，具有独创性

（一）立论的概念

立论也称为论点，是指依据客观事物或者试验结果，直接提出自己的见解和主张。无论写作什么类型的论文，都需要立论，立论是议论的核心，需要开宗明义、直截了当地说明自己赞成什么，反对什么，最好以判断句式加以表达，不能用"大概""也许"等方式来表达自己的观点和见解。

立论在论文中的位置主要有以下几种：①立论在论文的标题中；②立论在论文的开头；③立论在论文的结尾；④立论在论文的中间；⑤立论由几个分论点总结归纳而成。立论在论文中的位置不同，其写作的手法也不同。

（二）立论的原则

立论的最终目的是正确地揭示客观事物的本质和规律，阐明自己的观点。对此，需要做到以下几点。

（1）立论要具有独创性。在论文写作的过程中，立论应当明确地反映客观的实际情况，应当有理、有力、准确，具有独创性，其观点是个人独立思考或者反复试验得出的独创性结论。

（2）立论应具有客观性。立论应当能够客观地反映事物的本质或者规律，其得出的结论应当能够在未来的实验或者现实社会中得到反复的印证。只是由于思想、意识、科学研究的限制，人们对事物本质或者规律的认识具有一定的局限性。科学研究的目的是突破认识上的局限，发现事物的本质或者规律。

（3）立论应当同论文题目相契合。立论的过程中，不应随意地放大论文题目，也不应随意地缩小论文题目，更不能歪曲论文题目，应当围绕论文题目展开，同论文题目相契合。

（三）立论的方法

立论的方法有三种：一是先破后立，二是边破边立，三是先立后破。"破"是指对片面的、错误的思想或观点、研究结论进行分析、评论和批驳。"立"是指确立自己的观点或者见解，即立论。"破"的目的是"立"，即确定自己的观点。"破"和"立"之间通常需要严密的论证。在论证的过程中，使用的公理、定理、数据、案例等，就是论据。下面逐项介绍这几种立论的方法。

（1）"先破后立"的立论方法。"先破后立"的立论方法是指论文开篇就批评他人观点或见解偏颇的写作方法。"先破后立"的优点是鲜明地提出自己认为错误的地方，"破"得越彻底，"立"得就越有力。例如，鲁迅的杂文《拿来主义》就采用了先破后立的立论方法。鲁迅先生先讲述了"送去主义"和"送来主义"的种种弊端,然后提出:"我们要运用脑髓,放出眼光,自己来拿!"在使用这种方法时,立论通常在论文的中间或者结尾。

(2)"边破边立"的立论方法。"边破边立"的立论方法是指论文开篇并不提出自己的观点,而是剥茧抽丝地逐条、逐点、层层深入地进行批判性的分析,最后提出自己观点的写作方法。在使用这种方法时,立论既可以在论文的中间或者结尾,也可以由几个分论点总结、归纳而成。

(3)"先立后破"的立论方法。"先立后破"的立论方法是指在论文的标题或者论文的开篇直接提出自己的观点,然后再指出他人观点或者见解为什么有错误或者为什么存在偏颇,并逐步阐述自己的理由。

案例4.1　分析《致橡树》的立论方法

致橡树
舒婷

我如果爱你——
绝不像攀援的凌霄花,
借你的高枝炫耀自己;
我如果爱你——
绝不学痴情的鸟儿,
为绿荫重复单调的歌曲;
也不止像泉源,
常年送来清凉的慰藉;
也不止像险峰,
增加你的高度,
衬托你的威仪。
甚至日光,
甚至春雨。

不,这些都还不够!
我必须是你近旁的一株木棉,

作为树的形象和你站在一起。

根,紧握在地下;

叶,相触在云里。

每一阵风过,我们都相互致意,

但没有人,

听懂我们的言语。

你有你的铜枝铁干,

像刀,像剑,也像戟;

我有我红硕的花朵,

像沉重的叹息,

又像英勇的火炬。

我们分担寒潮、风雷、霹雳;

我们共享雾霭、流岚、虹霓。

仿佛永远分离,

却又终身相依。

这才是伟大的爱情,

坚贞就在这里:

爱——

不仅爱你伟岸的身躯,

也爱你坚持的位置,

足下的土地。

案例分析

《致橡树》这首优美的抒情诗,就使用了"先破后立"的立论方法。这首诗的开篇,诗人先表达了不愿做攀附的凌霄花,不愿做为了绿荫而鸣唱的小鸟,不愿做为了给人慰藉而失去自我的泉源,不愿做支撑橡树的山峰。最后,诗人抒发了自己愿意做同橡树比肩站立的木棉花的情怀,拥有火红、硕大的花朵,同橡树心意相通、相互扶持,共同面对生命中的风霜雨雪。《致橡树》表达了作者对自由、独立的美好爱情的向往，启发女性独立自主、不攀附他人。

二、论据客观，富有确证性

论据是指立论之后证明自己观点使用的公理、原理、事实、数据、图片等文献资料。论据是围绕着立论展开的，有助于表现论点、深化论点。论据的作用是为立论服务，也是提炼、形成立论的基础。

（一）论据的类型

依据来源划分，论据可以分为理论论据和事实论据。

1. 理论论据

理论论据是指经过实践检验得到的人们普遍认可的论据。例如，牛顿的万有引力定律已经得到了人们的普遍认可，该定律可以作为立论的依据。理论论据通常具有概括性、普适性、公认性等特点。

2. 事实论据

事实论据是指以现实世界的事实为根据证明自己的观点。事实论据主要包括具体事例、概括事实、统计数字、亲身经历等。事实论据具有直接性、现实性等特点，主要来源于两个方面：一是别人发表的言论、数据或者政府权威部门公布的统计数据或者同行专家、学者的实践；二是自己的实践或者自己的调查数据。

（二）论据的原则

在论文写作的过程中，论据必须客观、丰富、翔实，必须以实验结果、调查结果、权威部门公布的资料、普遍认同的公式或模型为基础。对此，需要做到以下几点。

1. 客观性

论据必须客观地反映事物的本质或事件的属性，并以此为依据进行论证。只有坚持客观性的原则，其研究结果才不会被推翻，才会具有确证性。人们常说"事实胜于雄辩"，就是这个道理。

2. 全面性

论据必须全面地反映事物或事件的全貌，必须客观、翔实，避免以偏概全、顾此失彼；避免只讲一点，不及其余。

3. 一致性

论据是立论的依据，也是作者提出自己观点的依据，论据必须同论点保持高度的一致性。如果论据同论点不一致，那么无论使用多么权威的资料、数据，都不会有说服力，还会适得其反。

（三）使用论据的方法

使用论据的方法主要有以下几个方面。

1. 论据应当有理有据

对于纷繁复杂的数据资料，作者运用时应当反复权衡论据是否可以有力地证实论点。这主要是因为，影响事件结果的因素往往是多方面的，对于其是不是引起事件结果的主要因素，需要做出准确的分析。例如，某学生在考察农村居民参加城乡居民基本医疗保险同农民有几个子女是否相关时发现，子女数量越多的农村居民参加城乡居民基本医疗保险的比率越高。这一结论，显然背离了中国"养儿防老"的传统观念，即个人养育的子女数量越多，就越不担心自己的养老问题。由此，我们可以得出结论，子女数量显然不是影响农村居民参加城乡居民基本医疗保险的主要原因。如果某学生一定要将农村居民参加城乡居民基本医疗保险同农民子女数量放在一起研究，那么就会有牵强附会的嫌疑。由此，我们可以进一步推测，农村居民拥有财富的水平可能是影响农村居民参加城乡居民基本医疗保险的主要原因，也是影响农村居民生育子女数量的主要原因。对于财富水平是否是影响农村居民生育子女数量的主要原因，还需要有调查或统计数据的支持，仅凭自己的主观判断就得出这一结论是不科学的。

2. 论据应当有取有舍

在使用论据的过程中，应当做到有取有舍，与立论关系不大或者无关的材料应当舍弃，"有所失，才能有所得"，避免使用与立论无关的材料，以防止冲淡立论。

案例4.2 如何筛选资料？[5]

一位母亲对孩子爱吃糖的问题很担忧，因为她听说，吃糖多了会使孩子变得躁动不安。为了寻找答案,她广泛搜集证据,包括询问其他父母,搜集专家的看法以及研究者的研究成果等。试分析这些来源不同的证据的特点。

案例分析

这里的立论是:吃糖过多会对孩子的行为有不良影响。其证据来源如下:

(1) 逸事证据。逸事证据多指无正式记载的证据。例如,一些事例、故事、例证,但是这些例证缺乏正式出版期刊、杂志的记载。案例中,其他父母对孩子吃糖的看法只能算作逸事证据,不一定是客观观察的结果。"多吃糖对孩子不好"是很多家长的共识,被问父母也许受到这种观点的影响。由此可知,逸事证据是不可靠的。

(2) 偶然的观察。例如,孩子们在生日晚会上吃掉大量的甜食后,会大声喧哗,闹个不停。但是,甜食是造成孩子们大声喧哗、闹个不停的主要原因吗?也许不是。生日晚会通常会布置得灯火通明,这样的环境、气氛,有可能是孩子们大声喧哗、闹个不停的主要原因。可见,偶然的观察有可能正确,有可能错误,不能作为立论的证据。

(3) "权威"的观点。一直以来,许多医生、营养学家和其他"专家"都在强调多吃糖对儿童的行为会有不良的影响。这个观点,应该相信吗?经过进一步了解,我们发现,大多数"专家"的意见是根据逸事和偶然观察得出的。"权威"的观点由于缺乏有力的证据,也不可信。

(4) 科学证据。美国儿科专家沃尔拉伊齐博士和他的同事就"吃糖对儿童行为的影响"进行了十多年的系统研究。他们研究的依据是:如果吃糖会对儿童的行为产生影响,那么,孩子吃糖后将会在行为上表现出一些可以测量到的变化。研究中,沃尔拉伊齐团队让孩子们吃掉一定量的糖,之后对他们的行为进行观察。研究结果表明,吃糖与攻击行为、运用和认知能力无关。由于这些结论都是在观察的基础上得出的,这样的证据才令人信服。

结合以上实例,表4-1给出了证据来源的各种途径以及特点。

表 4-1　论据的来源途径以及优缺点

论据的来源		优　点	缺　点
直接途径	经历、经验（感性）	直接体验或者观察获得新知	错误的观察会导致错误的结论
间接途径	专家或权威	其观点可能是基于相关知识、推理和经历	可能是基于个人的信仰，会受传统文化的影响而造成偏颇；无法纠正错误的信念
	常识	由人们日常非系统的观察、经历以及解释这些经历的看法组成。它意味着某个众人接受或众所周知的观点是对的，其优势是考虑了多数人的意见	无法纠正不正确的意见；会有文化上的偏差
	推理（理性）	强调问题的解释合乎逻辑，所采用的规则、方法一致	当证据或推理有错时，无法得到可靠的结论；不能根据经验进行修正
综合途径	科学研究（感性+理性）	在严格控制的条件下进行观察，根据所获得的事实进行推理，具有自我纠错功能。对科学研究来说，观察是证据的基本来源，错误的结论将通过观察而得到纠正	仅适用于可以重复观察的现象和事件

三、论证严密，富有逻辑性

（一）论证的概念

论证是指依据事实、数据、图片等资料证明立论的过程。论证的基本要求是"摆事实、讲道理"，论证的过程是研究的过程，也是严密的逻辑思维推导的过程。

（二）论证的原则

1. 层次性原则

层次性原则是指论证是由浅入深、由表及里层层深入、剥茧抽丝的过程。论文论证最忌讳东拼西凑、不知所云。

2. 缜密性原则

缜密性原则是指论证严密，没有漏洞。高质量的论文在写作的过程中具有严密的逻辑性，不存在逻辑上的漏洞。如果论证不缜密，那么就难以说服别人，其结论也难以得到其他人的认可。例如，某人在演讲中说，保险的主要功能是保障苍生，服务大众。在演讲了一个小时以后，他提出的对策是保险要服务好高净值人群。这是一个存在严重逻辑错误的演讲，其问题的核心就是演讲开始讲的保险的主要功能是保障苍生、服务大众，同后面讲的保险要服务于高净值人群是相互矛盾的。

3. 科学性原则

科学性原则是指论证过程、得出的结论符合客观事实，具有科学的依据。

4. 严谨性原则

严谨性原则是指论文作者要以端正的态度，审慎地对待学术问题，严谨论证学术问题。论证的过程是追求真理的过程，这就要求研究者、论文作者摒弃浮躁的心态，进行严谨的研究。

（三）论证的方法

写作论文之前，需要全面地了解同论文题目相关的文献，灵活地驾驭已经获得的相关资料，并能够将搜集的资料为我所用。写作论文的过程既是论证的过程，也是一个严密的逻辑思维过程。写作论文通常使用的方法主要有以下几个方面。

1. 归纳和演绎的方法

归纳是指由个别事物到一般性事物的思维方法，即由若干个个别事例推导出一个一般性的结论或者用若干个个别判断作为论据来证明一个论点或论题。从事实材料中找到事物的一般性本质的研究方法就叫归纳法，归纳法是写作论文常用的一种逻辑方法。

演绎与归纳相反，演绎是由一般到个别的思维方法，即用已知的一般性理论为依据来证明个别性的论点。爱因斯坦说，理论家的工作可以分为两步，首先发现公理，然后是从公理推出结论。比如，自然界的一切物质都是可分的，基本粒子是自然界的物质，因此，基本粒子是可分的。

2. 分析和综合的方法

分析是将事物分解为各个属性、部分和方面，对它们分别进行研究、表述的思维方法。综合是把分解的各个属性、部分和方面再综合起来进行研究、表述的思维方法。在学术论文写作的过程中，无论是研究和表述论点还是分论点，都会运用分析和综合的方法。

3. 从具体到抽象和从抽象上升到具体的方法

从具体到抽象的方法是指从社会经济现象的具体表象出发，经过分析和研究，形成抽象的概念、范畴的思维方法。从抽象上升到具体的方法是指按照从抽象范畴到具体范畴的顺序，将社会经济关系的总体从理论到具体再现的思维方法。在学术论文写作的过程中，也会运用从具体到抽象和从抽象上升到具体的研究方法，即在占有资料的基础上，经过分析研究，找出论点、论据，在头脑中大体形成论文的大纲，这一思维过程就使用了从具体到抽象的方法。然后，按照从抽象落实到具体的顺序，一部分、一部分地把论文写出来。

4. 逻辑和历史统一的方法

逻辑方法简称逻辑法，是指研究人员在逻辑思维的过程中根据现实材料按照逻辑思维的规律、规则形成概念、做出判断和进行推理的方法。历史的方法，就是按照事物发展的历史进程来表述问题的方法。逻辑的发展过程是历史的发展过程在理论上的再现。不过，一篇论文从总体上运用逻辑和历史统一的方法，是不多见的，而在经济学专著和教科书中往往会运用这种方法。

四、体裁格式明确，标注规范

论文通常有一定的体裁格式和标注规范，不同的学术期刊对于体裁格式、标注规范有不同的要求。体裁格式明确可以使判断同推理之间有机地联系起来，使全篇内容形成一个有机的整体。标注规范是指注释、参考文献的标注符合学术规范的基本要求。注释、参考文献的标注规范也是写作论文的重要组成部分，体现着作者研究的深度和广度。注释、参考文献的标注规范将在本书后面章节中详细讲述，此处从略。

五、语言准确，表达简明

从上小学开始，我们就学习语言的规范表达。撰写论文，依然需要注意语言的规范表达。在写作论文的过程中，语言表达应当严谨、简练、准确，以方便读者顺畅地阅读。对此，我们可以从以下几个方面理解。

（一）注意词汇的规范使用

词汇是一种语言里所有的词和固定短语的总和。规范使用词汇主要包括以下几个方面。

1. 不能使用缩写词

有些专有名词比较长，许多学生在写论文的过程中会缩写专有名词。例如，将"全国社会保障基金"缩写为"社保基金"就是不规范的表达。在我国，"全国社会保障基金"专指由全国社会保障基金理事会管理的战略储备基金。社会保险基金是指养老保险、医疗保险、失业保险、工伤保险和生育保险缴费积累下来的资金，这些资金在各省、市的财政专户中管理。如果使用缩写词"社保基金"，就会使读者不明白文中到底说的是"全国社会保障基金"，还是"社会保险基金"，引起歧义。

2. 规范地使用数字、计量单位标注

（1）准确地使用数字单位，可以避免使用错误而引起歧义。例如，某学生在论文中提到，"国外财政社会保障支出占财政支出的比例为20～40%"，这是不规范使用计量单位的表现，容易让人理解为20至40%，其规范的写法应为"20%～40%"。又如，在表达"4万～6万人"时，某人表达为"4～6万人"，这样容易让人理解为4人到6万人。

（2）规范地使用附带单位的数值乘积。例如，$5cm \times 8cm \times 10cm$，不能写成$5 \times 8 \times 10cm$或者写成$5 \times 8 \times 10\ cm^3$。

（3）当一系列数值的计量单位相同时，可以仅在最末一个数字后面写出单位符号。例如，60、80、100mol/L，不必写作60mol/L、80mol/L、100mol/L。

3. 审慎地运用词汇

词汇的表达应当严谨、审慎，避免使用过于浮夸的语言。有些学生在写作论文的过程中喜欢将自己的研究成果冠以"首次""第一次",还有些学生喜欢用"极其重要"来评价自己的研究成果,这是不妥的。无视别人的研究成果或者变相夸大自己的研究成果都是浮夸、做学问不严谨的体现。

4. 准确地运用词汇

词语表达准确是指肯定或者否定一个结论或者观点应当有可靠的依据,以理服人。对此,应当注意以下几个方面。

(1) 不应当使用模糊的语言。学术论文中,不应当使用"大概""可能""也许"等模糊性的词语。

(2) 不应当反复地用相近的概念来代替原来的概念,应当注意使用概念的一致性。例如,某学生在写作一篇标题为《我国劳动关系发展中存在的问题及对策》的论文时,随意地用雇佣关系、劳资关系等概念去代替劳动关系来表达,这是不规范的。尽管雇佣关系、劳资关系等概念同劳动关系具有一定的联系,但是这些概念同劳动关系不是一个概念,不应当随意混用。

(3) 相同意思的词汇没必要写两遍。例如,某学生在论文中写道:"工会在参与调节劳动关系中的作用很重要和不可替代。"这里,"很重要"和"不可替代"是一个意思,没必要说两遍。解决问题的办法是,去掉"很重要"或"不可替代"。

(二) 注意句子的规范使用

在写作论文的过程中,语言表达应当精练、准确、言简意赅,不应长篇累牍,不知所云。如果一篇论文中充满了病句,那么不仅无法准确地表达自己的学术观点,而且读者也无法了解作者想要表达的真实意图,甚至还会引起歧义。一篇充满病句的论文通常不会被学术期刊采用、发表。

案例4.3 以下句子,你如何评价

(1) 据数据统计,2015年我国居民人均预期寿命比2010年提高了1.51岁,个人卫生支出占卫生总费用比重由35.29%下降到29.27%。

(2) 由于覆盖范围广,目标受众多,使得目前我国的医疗保障水平仍然存在一些问题。

(3) 就笔者目前所研读的国内外资料、文献而言,多数专家、学者主要从新农合制度的发展模式角度对我国农村医疗社会保障制度展开研究，系统完善地分析农村医疗保障的缺失。

（4）在社会保险资金运用结构中，养老保险使用的资金最多，大约相当于社会保险资金运用的1/2左右。

案例分析

句子（1）存在的问题主要有以下几个方面：①数据到底来自哪个统计资料没有表达清楚。②2015年，我国居民人均预期寿命到底达到多少岁，没有表达清楚。这样表述就会比较清楚："截至2015年年底，我国居民人均预期寿命为76.34岁。"③个人医疗卫生支出占卫生总费用的比重是从哪年的35.29%下降到哪年的29.27%，没有表达清楚，读者需要反复地对照数据进行猜测。④我国居民人均预期寿命的提高与个人卫生支出占卫生总费用支出的比重下降有什么关系，没有表达清楚。⑤"卫生总费用"这个词后面少写了"支出"二字。

句子（2）存在的问题主要有以下几个方面：①"由于""使得"都是介词，连续使用两个介词，造成句子没有主语，属于病句。②"覆盖范围广，目标受众多"同医疗保障水平存在的问题是什么关系没有表达清楚。相反，"覆盖范围广，目标受众多"同医疗保障水平的提高有关系，因此这里存在表述不清楚的问题。

句子（3）存在的问题主要有以下几个方面：①语意表达过于武断。为了说明自己研究的重要性，完全否定了专家、学者对农村医疗保障制度研究的成果，对大量的研究文献视而不见。例如，"系统完善地分析农村医疗保障的缺失"这一结论不符合现阶段我国农村医疗保障研究的实际。②"系统完善的分析农村医疗保障的缺失"，这不是一句话，而是一个偏正词组，属于病句。③句子中，"资料""文献"并列使用。④句子中，"的""地"的使用不规范。

句子（4）存在的问题有：①"大约"和"相当于"是一个意思，可以去掉一个。②"大约"或"相当于"用一个词的话，后面就没有必要使用"左右"这个词。

（三）注意标点的规范使用

规范地使用标点也是规范写作论文的一个重要方面。例如，有些学生在写作论文的时候，英语标点、汉语标点混用，这是不规范的。在汉语论文中，不允许使用英文的逗号、句号、引号等标点符号；在英语论文中，不允许使用汉语的逗号、句号、引号等标点符号。论文写作中出现的不规范使用标点的问题，总结起来有以下几点。

1. 不规范地使用句号

在图、表说明文字末尾不应使用句号。例如：

（图表略）注：以上各项数据统计截止时间为 2012 年 12 月 31 日；城市人口是指常住户籍人口；规模工业企业个数统计为新口径。

其正确的标示法为：

（图表略）注：以上各项数据统计截止时间为 2012 年 12 月 31 日；城市人口是指常住户籍人口；规模工业企业个数统计为新口径

这是因为，图或表属于短语式的说明文字，中间可用逗号（或分号），但末尾不用句号。即使有时说明文字较长，前面的语段已经出现句号，最后结尾处仍然不用句号。

2. 不规范地使用逗号

在写作学位论文时，有些学生在应该使用逗号的地方不使用，却在不应该使用逗号的地方使用逗号。有些学生在写论文时"一逗到底"，就是不规范使用逗号的表现。

3. 不规范地使用顿号

不规范地使用顿号的情况，主要包括以下几个方面。

（1）引号、书名号之间用顿号。例如，"小学一年级到二年级必读的书目有《安徒生童话》、《格林童话》、《一千零一夜》等。"这是不规范使用顿号的结果，其规范的使用方式为："小学一年级到二年级必读的书目有《安徒生童话》《格林童话》《一千零一夜》等。"

（2）书名号内表示停顿时用顿号。例如：

根据《××省物价局、××省财政厅关于××市建制镇城市基础设施配套费征收标准的批复》（××规〔2012〕59号）文件要求，特制定本管理办法。

其正确的标示法为：

根据《××省物价局××省财政厅关于××市建制镇城市基础设施配套费征收标准的批复》（××规〔2012〕59号）文件要求，特制定本管理办法。

4. 不规范地使用分号

不规范使用分号主要有以下两种情况。

（1）分号通常用在并列复句中，但是作为标题不应当使用分号。例如，某学生在毕业论文后列举附件时，写道：

附件1.《职业病目录》；

附件2.《劳动能力鉴定——职业工伤与职业病致残等级分级》

这里，在《职业病目录》后，加分号是不规范的，应该删除。

（2）在并列的句子中，使用分号是不规范的。例如：

一是养老保险安置。对进入企业工作的失地农民要同企业员工一样纳入城镇企业职工基本养老保险；二是基本医疗保险安置。城镇居民医疗保险制度已经建立，失地农民可以参加城镇基本居民医疗保险。

其正确的标示法为：

一是养老保险安置。对进入企业工作的失地农民要同企业员工一样纳入城镇企业职工基本养老保险。二是基本医疗保险安置。城镇居民医疗保险制度已经建立，失地农民可以参加城镇基本居民医疗保险。

这里，分号的使用是错误的，这主要是因为，分项列举的各项或多项已经包含句号时，各项的末尾不能再使用分号，而应当使用句号。

5. 不规范地使用双引号

不规范地使用双引号的情况，主要包括以下几个方面。

（1）不规范地标注双引号的位置。例如：

2015年4月，国务院发布的《关于进一步做好新形势下就业创业工作的意见》曾提到："坚持把稳定和扩大就业作为宏观调控的重要目标"。

在这句话中，双引号的使用位置错误，应当改为为：

"坚持把稳定和扩大就业作为宏观调控的重要目标。"

句号在前，然后再标注双引号的另一半。直接引用了完整的句子，应当完整地标注出来。

（2）不规范地使用引号标注事件、节日、纪念日等。例如，"五四前后"是错误的，应当写为"'五四'前后"。用表示月、日的数字来指称事件、节日、纪念日时，无论事件、节日、纪念日的知名度如何，一律应当加引号，且在一、十一、十二这3个月份后加间隔号。

6. 不规范地使用冒号

有些学生在写"如图1所示"时，往往表述为"如图1所示："，这里使用的冒号是不规范的，应该改为"如图1所示。"，这是因为，冒号不能代表一句话的结束。

7. 不规范地使用书名号

某同学在标注丛书时，使用了书名号，这是不规范的。标注丛书应当使用引号，不应当用书名号。例如：

《社会保障理论与实务》这本书属于《公共管理系列教材》。

这样标注是错误的，应该改为：

《社会保障理论与实务》这本书属于"公共管理系列教材"。

规范地使用书名号主要包括以下几个方面：①"指南""手册""白皮书"等书目要放在书名号内。②传媒（电视、广播、报刊）的栏目应当使用书名号来标注。③介绍书的版本说明应当放在书名号之外。例如，《社会保障理论与实务》（第4版）。

8. 不规范地使用问号

反问句末尾用句号是不规范的，应用问号。

9. 不规范地使用括号

某宣传员在工作报告中写道：

围绕政府半年工作开展回头看，我们认真总结了上半年的工作，科学地谋划了下半年的工作。（责任单位：各镇（街道））

在这个句子中，同一形式的括号套用是不规范的，应当尽量避免括号套用；必须套用括号时，应当采用不同的括号形式配合使用。这句话的正确标注方法为：

围绕政府半年工作开展回头看，我们认真总结了上半年的工作，科学地谋划了下半年的工作。［责任单位：各镇（街道）］

10. 不规范地使用连接号和浪纹线

不规范地使用连接号主要包括以下几个方面。

（1）在标示地点的起止、时间的起止年限时使用连接号（占一个字符的位置），见以下举例。

大学本科四年（2004-2008年）毕业后，陈某某就业。

在这个句子中，使用的连接号为英语的连接号。正确的标注方法为：

大学本科四年（2004—2008）毕业后，陈某某就业。

从这个例子可以看出，英语的连接号和汉语的连接号不同，不能混用。

（2）标示数值范围起止一般用浪纹线。例如，"要加快工程进度，确保科技园3~5年内建成"。

案例4.4　写作学位论文的总体原则

写作学位论文是大学生、研究生在高等教育学习中需要掌握的基本技能之一，了解学位论文写作的总体原则，可以帮助学生顺利地完成学位论文的写作，帮助学生顺利地毕业。写作学位论文的原则除了遵循写作论文的一般原则外，还需要遵循写作学位论文的总体原则，主要有以下几个方面。

一、学位论文应当与所学专业具有相关性

学位论文应当能够反映出作者准确地掌握了大学阶段所学的专业基础知识，学位论文应当与所学专业具有高度的相关性，是对学生学习成果的检验。

二、学位论文与学生的科研能力、水平具有相关性

综合运用所学知识对某一专业问题进行系统、规范分析的学术研究能力，是学生经过本科生、硕士研究生、博士研究生阶段学习必须具备的基本技能，学位论文是学生掌握学术研究能力的具体体现。

三、学位论文研究范围的选择体现了学生对专业学习的心得体会

学位论文体现了学生对专业知识的兴趣和爱好，体现了学生关注问题的视角，同时也与学生在以往的学习中关注的兴趣和爱好有关。

四、学位论文题目选择的适宜性原则

如果学位论文选择的论文题目过宽，学生就难以抓住问题的核心进行深入的研究，只能像蜻蜓点水一般地浮于表面，难以有深刻、独创的研究成果。如果学生选择的论文题目过窄，因学生受到已有知识、能力和水平的限制，会难以完成对某一问题的深入研究和挖掘，导致难以完成学位论文的写作。学位论文题目的选择应当是适宜的。

第二节 论文的主要内容

一篇完整的学术论文通常包括以下几个方面的内容：引言、正文和结论。

一、论文的引言

引言又称前言、序言、导论或导言，通常运用于论文的开头。引言通常需要简明扼要地介绍论文选题的背景和意义，论文研究的范围、研究的方法，国内外研究现状，并提出需要解决的问题或者预期取得的成果。引言的作用是引导别人阅读，需要运用引人入胜的语言，激发读者阅读的兴趣。学术期刊中，论文的引言部分是文章主要内容的高度概括，需要言简意赅、观点明确、概括论文的核心思想。专著性论文中，引言或者导论通常包括以下几个方面的内容。

1. 选题的意义或研究的背景

学术论文以研究背景或问题提出作为论文引言的一部分，这部分的内容主要告诉读者论文选题的现实意义。研究的背景同问题提出是不同的。研究背景是指在何种经济、政治和社会条件下研究这一问题；问题的提出是指根据什么问题提出对某一问题的研究。选题的意义和问题的提出二者的侧重点

有所不同，选题的意义侧重于现实、具体问题的研究，问题的提出侧重于理论问题的研究。

2. 国内外研究现状

别人研究的终点通常是论文作者选题的起点，即在别人研究的终点开始新的探索[1]，这也是知识传承、发展的结果。在论文写作的过程中，国内外研究现状正是对前人研究某一问题的归纳和总结。在写作国内外研究现状中，论文涉及的内容应当同论文选题有关。这也表明，论文作者已经了解了国内外专家、学者对这一问题的研究情况。

3. 研究问题的方法

这部分介绍论文采用了哪些方法对问题进行了研究。研究问题的方法主要包括：文献分析法、规范分析法、实证分析法、问卷调查法、个案分析法、比较分析法等。

4. 研究的主要内容

这部分概括地介绍论文的主要框架结构、各章节之间的关系等，主要介绍论文是如何层层深入地分析问题的，最后得出了哪些研究结论。

5. 研究的创新和不足

这部分介绍论文的创新点有哪些，论文的不足有哪些。许多人不注重这部分内容的写作，这是认识的误区。其实，论文的创新点是论文评价的参考依据，是论文是否可以得到学术界关注的核心标准。如果论文的创新点获得导师、评审专家的较高评价，那么很有可能就会获得学术界的认可，其成果很可能就会得到推广或应用。

二、论文的正文

正文是论文的主体，主要包括论点、论据和论证的过程。正文是论文的核心部分，正文通常需要解决以下三个方面的问题。

（一）提出问题

如何提出问题呢？需要进行大胆的质疑。质疑是指敢于对已有理论、观点和认识提出不同于前人或者他人的看法。质疑意味着挑战占据学术研究制高点的权威观点或者正统观点，意味着质疑者要承受来自权威人士的沉默、批评甚至打击。但是，也正因为如此，质疑精神才变得更加可贵。伟大的哲学家亚里士多德曾经说，吾爱吾师，吾尤爱真理。正是因为有对真理的追求，才使这位伟大的哲学家敢于质疑其导师柏拉图的理论和思想，并推动了西方哲学思想的发展。因此，美国总统华盛顿说："怀疑论者是社会前进的动力。"质疑精神是照亮人类文明的自由之光。激发人们的质疑精神，为思想自由创造良好的学术氛围，才能不断地发展和创新，这也是学术追求思想自由的奥秘之所在。

（二）分析问题

分析问题的过程是指将问题分解、分析的过程，分析问题的过程通常也是将论点、论据、论证统一、协调、形成有机整体的过程，更是批判、反驳他人观点的过程。学术研究的本质是批判，没有批判就没有知识、技术的进步。

分析问题的思路通常包括以下几个方面的内容：①为什么要将问题进行分解，这样分解的依据是什么，理由是什么。②问题分解的原则。作者是依据什么原则进行问题分解的，在分解问题的过程中需要注意的问题有哪些。③问题分解的方法。在分解问题的过程中，主要采用的研究问题的方法有哪些。④对涉及问题的相关因素进行有效的取舍分析，以确定影响问题的主要因素有哪些。⑤针对影响问题的主要因素进行重点分析，发现其存在的主要问题。⑥分析这些问题的存在会对相关事物产生怎样的影响。

（三）解决问题

解决问题是指在提出解决问题的对策和建议方面的归纳、总结。解决问题的对策通常包括作者的创新，也是论文的重点、难点部分，需要详细阐述。例如，有些学生在写作论文的过程中，分析问题使用了较多的篇幅，在提出解决问题的对策建议方面却写得比较少，给人一种头重脚轻的感觉，这是不分论文主次、不明白论文的重点造成的。又如，有些学生写作的学位论文看上去很高端，论文中使用的口号比较多，做出的顶层设计、"高屋建瓴"的规划比较多，但是缺乏揭示问题、解决问题的分析，这样的学位论文不论使用多么华丽的辞藻，也是不合格的。因为如果缺乏对问题的分析，那么就无法提出解决问题的对策，无法揭示问题的重点在哪里。

三、论文的结论

论文的结论是指全文最终的结论，反映作者通过实验、观察、论证得到的总体结论。论文的结论是整篇论文的结局，不是正文中各段小结的简单重复，也不是某一局部问题或者某一部分的结论。论文的结论应当着重反映研究成果的理论价值或实践价值，也可以反映作者需要进一步进行的研究或者对未来研究的构想。论文的结论必须准确、完整、明晰、精练。论文结论反映的内容通常有以下几个方面。

1. 揭示论文的理论价值或实践价值

揭示研究结论解决了什么问题、修正了哪些理论、发现了什么规律等，其作用在于促进理论研究的创新和发展，具有理论意义或者解决了现实生活中存在的现实问题，具有实践价值。

2. 揭示论文的创新或者不足

同前人或者其他人相比，揭示论文具有不同于其他人的创新点，揭示论文存在的不足之处，以便于督促自己进一步研究，或者阐述自己的困惑及尚未解决的问题。

3. 预测未来的发展方向

根据作者已经进行的研究，预测事物、现象未来的发展方向，具有前瞻性的特点。

第三节　论文的格式

论文格式是指论文写作时的注释、参考文献的标注样式以及写作标准。论文格式也是使论文公之于众的形式方面的要求。

一、论文的格式

论文的格式是指一篇完整的论文需要提供的信息。依据篇幅不同划分，论文可以分为篇幅较短的论文和篇幅较长的论文。篇幅较短的论文和篇幅较长的论文在格式上会有略微的差异，下面分别讲述。

（一）篇幅较短的论文的一般格式

在投稿时，篇幅较短的论文通常需要具有以下信息。

1. 论文题目

论文题目通常使用较大字号的文字，格式为居中，这样可以更加醒目、突出。论文题目通常需要翻译成英文，以便于国外学者索引和研究。有关论文题目的一些内容前面已经讲述，不再赘述。

2. 论文作者

论文作者也是论文的署名，论文署名记录着作者的研究成果，表明作者对论文拥有知识产权。

（1）论文署名的权利和义务。论文署名表明作者对学术研究成果具有所有权。论文不仅承载着作者的学术荣誉，也要求作者必须承担相应的责任和义务。因此，出版单位在同作者签订出版合同时通常写明"文责自负"的条款。学术论文发表实行的文责自负机制要求，论文作者不可以随意地抄袭别人的研究成果，否则需要承担相应的后果。

（2）论文署名的原则。论文署名应当实事求是，论文作者为2人及以上时，作者姓名通常按照贡献大小进行顺序排列，多位作者的工作单位、个人简介、研究方向、主要研究成果通常要在论文的注释中写明。学术研究中的不当行为，即使有多位作者，也应当承担相应的责任。例如，友情署名、赠送署名、强制署名等，都是学术不端的表现。

（3）论文署名的表达方式。论文题目下面通常要写明论文作者的姓名和工作单位，也可以将作者简历放在论文的脚注上写明。作者姓名通常需要翻译成英文，以便于国外学者索引、联系、讨论和交流。

3. 内容摘要

内容摘要属于自成一体的特殊文体，可以方便读者索引、阅读。

（1）内容摘要的概念。内容摘要又称摘要、概要、内容提要，是以表达论文主要内容为核心的短文。论文摘要通常需要用简练的语言高度概括论文的核心思想。内容摘要是正文的附属部分，通常编排在论文的篇首，可以帮助读者快速地了解论文的主要内容。内容摘要虽然出现在论文的篇首，但是通常是作者最后写出来的。

（2）内容摘要的字数要求。学术期刊论文、本科生学位论文的内容摘要通常需要用300~500字清楚地表达出来，以便于读者索引。硕士研究生、博士研究生学位论文的内容摘要通常需要1000~2000字，便于答辩老师了解学位论文的核心思想。

论文摘要需要翻译成英文，即英文摘要，英文摘要的质量通常决定着论文是否可以被录用、发表和索引。英文摘要有助于国外学者索引和研究。

（3）内容摘要表述的内容。内容摘要通常介绍以下内容：①论文写作的意义或研究价值；②论文的主要研究内容及使用的研究方法；③总结论文中的创新之处或者主要学术贡献，阐明主要观点。

（4）内容摘要的写作原则。内容摘要应当使用简短、精练的语言，完整地概括论文的核心思想。论文摘要不应当简单地重复论文题目，应当表达比论文题目更加丰富的内容。内容摘要不应使用图像、插图、图形、表格等来表达，也不应引用他人论文中的内容来表达。在内容摘要写作的过程中，应当坚持以下写作原则：①独立性原则。内容摘要是独立于正文的部分，具有同正文同等重要的信息表达，读者通常不需要阅读论文，就可以获得有关论文内容的重要信息，方便读者索引、阅读。②一致性原则。内容摘要应当客观地表达论文的核心内容，科学、准确地概括论文的核心思想，不得扩大或缩小论文研究的内容。例如，内容摘要中不得含有正文未涉及的信息、观点或数据，也不得将论文中某一部分内容改写为内容摘要。内容摘要同样不得含有未定义的缩略语。③超脱性原则。内容摘要应当使用第三人称来撰写，不应当使用"我们""本人""本文"之类的词语来表达。内容摘要通常不应当对论文进行自我评价，应当超脱个人的视野。

4. 关键词

关键词是指论文中使用的重要词语，关键词通常是从论文中选取出来用以表达全文主题内容信息的单词或者术语。关键词通常编排在正文内容的前面，也可以编排在正文内容的后面。不同的期刊，其格式要求也不同。

关键词的使用必须符合学术术语使用的基本规范，必须具有准确性、科学性和规范性。关键词应当使用大家都明白的词语，避免使用与习惯、惯例不同的词语，避免自己创造词汇，这样才能形成学术界的共识。关键词应当包含论文题目中的主要学术术语，以便为论文检索提供特定的实用信息。关键词通常为3~8个词，关键词之间用空格隔开。

关键词也需要翻译成英文，以便于信息汇集、整理，便于国外读者索引和研究。英文关键词用英语分号隔开。

5. 论文的内容

论文的内容通常包括引言、正文、结论三部分。这部分内容已经讲述，不再详述。

（1）引言通常需要简明扼要地介绍写作的目的，选题的背景和意义，论文研究的范围和相关问题，并提出需要解决的问题。

（2）正文。正文是论文的重点，需要提出问题、分析问题、解决问题。

（3）总结。这部分主要是对正文部分内容的简要概括，可以提出自己的观点，也可以预测问题未来的发展方向。

6. 注释和参考文献

注释和参考文献是论文的重要组成部分，应当标注规范。不同的期刊对注释、参考文献有不同的要求。关于注释、参考文献的格式要求，本书将在后面章节中进一步讲述，这里不再赘述。

案例4.5　一篇论文通常包括的主要内容

下面以一篇论文为例，说明论文正文之前通常包括的主要内容。

论文题目为：《我国社会保障制度改革的两难困境和选择》

该论文题目翻译成英文为：

Predicament and Choice in the Reform of Social Security System in China

论文作者为：刘钧

翻译成英文为：Liu Jun

内容提要：目前，我国社会保障制度改革陷入了进退两难的境地，其主要原因是社会保障资金紧缺。解决制约社会保障制度改革的现实问题，可以进一步推进社会保障制度的完善。

关键词：社会保障制度　法定退休年龄　社会保险税　赡养率

［Summary］At present, the reform of social security system in our country is in a dilemma. The main reason is that social security found is in short. Solving the practical problem restraining social security system reform can help improve the social security system.

［Key words］Social security found, Legal retire age, Social security taxes, Alimony

作者简介：刘钧，女，19xx 年 x 月 x 日生，内蒙古海拉尔人，中央财经大学保险系教授，经济学博士；研究方向：社会保障；出版专著 3 本，主编教材 10 本，发表文章 100 余篇，有 10 余篇被人大复印资料全文转载。

通信地址：北京市海淀区学院南路 39 号 中央财经大学保险学院（100081）；联系电话：1352101xxxx；电子邮箱：liuj@cufe-ins.sinanet.com。

（二）篇幅较长的论文的一般格式

篇幅较长的论文，公开发表时通常是以图书的形式出版的，即专著，其一般格式通常包含以下几个方面。

1. 前置部分的编排

论文前置部分主要包括封面、扉页、版权页、前言、目录页等。

（1）封面。篇幅较长的论文通常需要制作一个封面。封面既可以提供论文应有的信息，也可以起到保护内芯的作用。例如，硕士、博士学位论文的信息通常包括：①学校名称；②学位论文层次；③论文题目（含英文题目）；④作者姓名（含英文姓名）；⑤论文完成时间。又如，课题类论文的信息通常主要包括：①立项信息，主要包括立项级别、年份、编号；②论文题目；③作者信息，主要包括作者姓名、作者单位等；④立项完成时间等。

（2）扉页。扉页又称"内封"，扉页的内容可以同封面相同，也可以比封面的内容更丰富一些。扉页通常提供图书的书名、作者、出版者等信息，位于主书名页的正面，即单数页码面，不设页码。

（3）版权页。版权页也称版权记录页，是著录书籍版权信息的页面，版权页是出版物的版权标志，也是版本的记录页，一般位于主书名的背面，即双数页码面，不设页码。版权页通常载有书名、作者、翻译者、责任编辑、责任校对、印刷者、发行者、版次、印次、开本、印张、印数、字数、出版年月、版权期、统一书号、定价等信息。

（4）前言。前言也称前记、序、叙、绪、引、弁言，是写在书籍前面的文字。前言通常位于书籍的正文前，主要说明写作的意图、基本内容、成书过程、学术价值、著者介绍等。前言通常由作者自己写作。

（5）目录页。目录页是指记录论文章节标题、页码信息的页面。前言、目录的页码可以排在一起，也可以不排页码。前言、目录的页码不能同正文页码连续排列。论文中的"导论"部分通常是论文正文的第1页。

2. 正文部分的编排

正文部分是论文的主体部分，又称"本文"，正文的编排页是正文书页。绪论（或导论）是正文前的一部分，通常不作为章节安排，其顺序通常为：绪论（或导论）、第一章、第二章……有些学生为了拼凑章节，将绪论编入第一章，这是不规范的做法。导论是介绍论文研究背景和意义、研究思路、研究方法、研究的创新和不足的一部分，是对论文的概括，不应编入第一章，否则，容易混淆论文中整体与部分的关系。参考文献、注释、附录通常也是论文的正文部分，需要按照相关规范进行编排。参考文献、注释、附录、后记的页码在正文中连续排列。专著论文的后记通常感谢为论文提出过写作意见的老师、同行、专家。例如，学位论文的后记通常感谢导师，但同时需要感谢提出过论文改进意见的专家、同行、老师。

二、论文大纲的层次分级

论文大纲的层次分级通常是具有固定格式的，理工科论文和文科论文大纲的层次分级通常有不同的格式要求，需要区别对待。

（一）理科论文大纲的层次分级

理科论文大纲的层次通常采用以下格式进行分级，下一级标题隶属于上

一级标题的内容,其逻辑包含关系比较清楚。序号标示法如下:

1

1.1

1.1.1

1.1.1.1

在使用理科论文大纲标注法中,需要注意以下问题:①此类编号所有序号一律左顶格。②最末一个数字与标题之间有一个空格。③建议论文大纲不超过4个分级。

(二) 文科论文大纲的层次分级

文科论文大纲的层次通常采用以下格式进行分级,下一级标题隶属于上一级标题,下一级标题属于上一级标题包含的的内容,其逻辑包含关系比较清楚。其序号标示法如下:

一、

(一)

1.

(1)

①

在使用文科论文大纲标注法中,需要注意以下问题。

(1) 在使用各级标题标注的过程中,均需在前面空2格(汉语字符)⊖。

(2) 第一级标题后需要用顿号。例如,用"一、"来标注。第一级标题可以空两格,也可以居中。这一级标题的文字后面通常没有标点。

(3) 第二级标题用"(一)"来标注,在"(一)"后面没有标点。有些学生在"(一)"后面加顿号是不规范的;也有些学生在(一)后面加空格,也是不规范的。"(一)"这一标题通常在段前空两格,不能居中。

(4) 第三级标题序号后用齐底线黑点(英语中的句号)来标注,通常在段前空两格,不能居中。这一级标题的文字后面可以有标点,也可以没有

⊖ 以下提到的两格也为两个汉语字符,不再赘述。

标点。但是，一篇论文中，标点的标注应当保持一致。

（5）论文段内层次表达可用（1）（2）（3）或①②③来标注，序号后面不用标点，也不用空格。这一级标题后面通常有标点。如果段内用"第一""第二""第三"或者"首先""其次""再次"表述，那么在其后面加逗号。论文段内使用半括号加序号的标注方法，也是不规范的。例如，1）2）3）。使用外文字母作层次序号也是不规范的，如用 A. B. C. 或（A）（B）（C）来标注。

三、论文编排中需要注意的几个问题

论文写完后，需要规范地编排格式，这是论文写作必不可少的一个环节；否则，就会给人虎头蛇尾的感觉。在论文编排的过程中，应当做到得体、大方，突出重要部分。对此，需要注意以下几个方面的问题。

1. 图示、表格的编排规范

图示、表格的编排规范主要有以下几个方面。

（1）图示、表格必须有标题，标题应当契合图、表的内容。没有标题的图示、表格是不规范的。表格的标题通常编排在表格的上方；图示的标题通常编排在图示的下方。

（2）图示、表格应当在正文中被引用。在正文中没有被引用的图示、表格没有存在的必要。为了区分图示、表格，可以对图示、表格分别编排序号，从图1、图2或表1、表2向后逐个排列。论文中，图示、表格均应当排列在正文之后。论文中，禁止使用"如上图、上表所示""如下图、下表所示"这样的标注法。因为在论文排版的过程中，有可能就不知道上图、上表具体是指哪一幅图、哪一张表了。

（3）表格应当尽量排在一页。如果论文中有表格，那么应当尽量将一张表格编排在一个页面中；如果一个页面中排列不下，必须另起一页，需要将表格的标题和表头再列示一遍，避免读者看不明白或者再返回上一页去翻看表格的标题和表头。

（4）图示、表格的字体应当比正文小。如果图示、表格的字体比正文

大，会给人一种喧宾夺主的感觉。

2. 论文编排应当连续

论文编排应当连续，不得出现较大篇幅的空白页，这些空白页人们通常称之为"开天窗"。在论文编排的过程中，某一章的内容结束，需要开始论述下一章的内容，通常需要另起一页，可以出现空白页。除此之外，论文中不应该有空白页。如果在编排表格的时候，出现了较大篇幅的空白页面，需要将后面的内容粘贴到空白的地方，以保持论文编排的连续性。

3. 按照杂志社、出版社、学校等单位的要求设置页面

在设置页面的过程中，需要按照杂志社、出版社、学校等单位的要求设置页边距、页眉和页码。论文页码设置的基本要求通常有以下几个方面。

（1）封面、封二没有页码。

（2）内容摘要、目录从第1页开始设置直到结束页。

（3）正文从第1页开始设置直到结束页（含参考文献、后记）。

4. 数字、符号的编排规范

如果（1）（2）（3）或①②③处在一行的最后一个字符的话，应当将（1）（2）（3）或①②③转入下一行，与后面的内容编排在一行中。同样，如果数字不能自动地编排在一行，应当将数字编排在一行。

第四节　论文的修改

论文的修改是提高论文质量的重要环节之一。修改论文的过程实际上是"去伪存真""去粗取精""不断升华"的过程。在写作论文的过程中，需要反复地修改初稿，这是学术研究严谨、科学的必然要求，也是写作论文的必要步骤之一。如今，许多人不愿意修改论文，这是治学态度不严谨、不踏实的表现，写作、修改论文也需要摒弃浮躁的心理。列夫·托尔斯泰说过："黄金要经过淘洗才能得到，精辟的、被表达得很好的思想也是这样。"

一、论文修改的必要性

1. 作者的认识存在着一定的局限性

人们对事物的认识有一个从现象到本质、由片面到全面、由不深刻到比较深刻的过程。同样地,作者认识事物的过程也存在着一定的局限性。随着认识的深入,作者需要修改原来的观点或者研究问题的方法,由此,就需要修改论文。

2. 写出的文字不能完整、准确地表达自己的观点

论文写作是作者借助语言文字符号来表达思想或情感的脑力劳动,是将思想、观点外化的过程。在此过程中,会由于各种主观、客观原因,作者写出的文字不能完整、准确地表达自己的思想观点,因此,需要对论文进行反复地修改。其实,在写作论文的过程中,每修改一次,其观点的表达就会更准确,语言也会更精练,其认识就会再前进一步。论文的修改通常并不是写完论文后才进行的,而是贯穿于论文写作始终的行为。

3. 论文数据需要修改

随着研究的不断深入,作者掌握的数据会越来越丰富。随着数据越来越丰富,原来使用的数据会需要进一步修改或者完善,由此,需要对论文进一步修改。

二、论文修改的作用

1. 论文修改可以使论文的思想表达更趋完善

论文修改可以使论文的思想内容更加准确、不断丰富,可以使论文的思想表达更趋完善。

2. 论文修改可以使论文的语句更加流畅

高质量的学术论文通常都是反复推敲、修改出来的。高质量的学术论文通常语句表达比较流畅,可以方便读者阅读,更有利于广泛地传播作者的思想观点。

3. 论文修改可以提高作者的写作水平

在反复修改论文的过程中,作者的写作水平可以得到较大的提高,其论文写作也会更规范。

三、论文修改的内容

论文修改的内容通常主要涉及以下几个方面。

(一) 修改论文题目

论文题目通常高度概括全篇的核心内容。确定一个吸引眼球的论文题目，可以起到事半功倍的效果。因此，在论文写作、修改的过程中，作者需要反复斟酌、推敲论文的题目，以确定切中主题的论文题目。

(二) 修改论文的结构

结构是论文内容的组织和安排，结构关系着论文的谋篇布局。如果一篇论文的结构存在缺陷，就需要修改。修改论文的结构通常称为重大修改，其修改的难度也比较大，耗费的时间也比较长。正是由于修改论文结构的难度比较大，硕士研究生、博士研究生学位论文通常需要在写作之前提交开题报告，需要请多位专家、学者讨论其论文的总体结构，以防止日后论文需要进行重大修改，学生最终完不成学位论文的写作。如果需要改动论文的章节结构，首先需要确定论文大纲，然后再确定已经写出的哪些内容应放在论文大纲的哪个部分。

修改论文的总体结构，通常需要依据以下几个方面的原则进行修改。

1. 论文的结构是否分明

如果论文的结构、层次不分明，给人思路混乱的感觉，就需要进一步修改，以达到层次分明的目标。例如，如果论文不符合"提出问题、分析问题、解决问题"的思维脉络，就需要进一步修改，以理顺论文的层次结构。

2. 论文的结构是否完整

论文通常有一个完整的结构。一篇论文通常由导论、正文、结论三个部分组成。也就是说，论文要有引人入胜的开头，材料丰富的论证和鲜明、有力的结论。如果论文的结构不完整，那么就需要添加章节；添加章节后，需要注意将后面的章节数也要进行修改。在进行论文结构完整性的审查时，还需要审查论文各部分的篇幅是否合理，是否做到了详略得当、突出主题。例如，某学生在写作硕士学位论文的过程中，进行了复杂的模型测算，但是在提出解决问题的对策方面，仅写了较少的内容，显然，这样的论文结构是不合理的，给人一种"头重脚轻"的感觉。该学生在写作论文的过程中忘记了写作的初衷是解决现实的具体问题，而不是复杂的模型推导过程，其实模型推导也是为主要观点服务的。

3. 论文的结构是否严密

论述一个问题通常有论点、论据，其论证过程具有严密的逻辑性。如果论文的逻辑关系错误，就应该进行修改；如果论文的结构松散、偏离主题，就需要删掉偏离主题或者同主题无关的章节，以突出论文的主题。

（三）修改论文表达的观点

论文写作的目的是介绍自己的研究或表达自己的思想观点，论文修改的一个重要方面是修改自己的思想观点，以达到论文审核单位或者个人的要求，其主要包括以下几个方面。

1. 审视自己或者他人的观点是否同论文的主题一致

如果论文中表达的观点同论文的题目不一致，就是论文跑题，必须进行修改，或者修改论文的题目，或者修改自己的观点。同时，还需要审视论文中的分论点是否同主论点一致。如果不一致，需要修改分论点。

2. 审视自己或者他人的观点是否具有创新性

如果论文缺乏创新点，则不具有写作的价值。此时，需要论文作者进一步发掘、研究，以获得创新性的研究成果。

3. 审视自己或者他人的观点是否存在偏颇或错误之处

如果学生的学位论文存在偏颇、错误或者前后矛盾的地方，就需要指导老师或者答辩老师提出，然后由学生进行修改。

（四）核对相关公式、定理、数据

核对论文中涉及的公式、定理、数据是否真实、可信、准确，是论文修改的重要方面，其主要包括以下几个方面。

1. 核对论文中使用公式、定理是否准确

如果使用的公式、定理不适当或者错误，那么就会影响推导的结果，进而影响研究结果的可信性。在这种情况下,需要对论文进行修改。

2. 核对数据是否准确

如果论文中使用了数据,那么就需要核对数据是否准确。只有准确地使用相关数据,才能推导出可信的结果。

3. 核对事实是否真实

如果使用事实证明自己的观点,那么就需要核对事实的真实性,避免张冠李戴。

(五) 修改语句、词汇和标点

为了使论文更引人入胜,需要反复斟酌语句、词汇和标点,以便使论文更加精练、简洁,以达到学位论文质量要求或者论文发表的要求。鲁迅说,他写文章"不生造除自己之外,谁都不懂的形容词之类""只有自己懂得或者连自己也不懂的生造出来的字句,是不大有用的"。

1. 修改语句

修改语句主要包括修改结构残缺、搭配不当、逻辑混乱的句子,使其合乎句子表达的基本要求和规范。

2. 修改词汇

修改词汇主要包括修改论文中并不准确的提法、模糊的词汇、写错的词汇等,使其合乎词汇表达的基本要求和规范。

3. 修改标点

修改标点主要包括修改论文中使用不当的标点符号,使其合乎标点符号使用的基本要求和规范。

(六) 核对相关文献

核对相关文献、资料的可信性,是论文修改的重要方面,可以避免出现引用文献的差错。核对文献主要包括两个方面:①核对文献的名称和著录格式;②核对文献中的内容。有些文献资料的直接引用是否正确,需要通过核对、查证相关文献资料来确定。如果存在文献资料引用的错误,那么就需要修改,这样才能避免以讹传讹,歪曲文献原文作者的本意。

案例 4.6　某编辑核对出来的错误

某编辑曾经编辑过一篇综述，其文中大约有 20 多个注释。经过上网核查，编辑发现有 18 个错误，其错误主要包括以下几类。

（1）作者姓名引用错误。该论文作者在标注国外相关文献时，将文献作者的名和姓写颠倒了。

（2）引用文献内容错误。由于作者粗心大意或者直接转引其他人论文中的内容，造成引用文献内容方面的错误。

（3）页码错误或者只标注起始页码未标注终止页码。作者在直接引用他人观点后，注释的文献资料页码错误。在作者注释的页码中，找不到引文中的相关内容。

（4）增刊没有标注出来。在引用他人观点时，文献资料来源于某杂志某年的增刊，但是论文作者并未在注释中标明其文献属于增刊。

（5）书籍未标明出版年代或者版本。有些书籍有多个版本，不同的版本，其内容也存在较大的差异，不标明出版年代或者版本，容易造成论文索引的混乱，也会增加读者查阅的难度。

思 考 题

1. 简述写作论文应当遵循的原则。
2. 如何提出问题？
3. 如何分析问题？
4. 如何解决问题？
5. 论文的结论部分应当反映哪些内容？
6. 简述内容摘要写作的原则。
7. 简述论文修改的必要性。
8. 简述论文修改的内容。

第五章

注　释

学术论文中，需要进一步解释的内容通常用注释来标注。注释是学术论文的必备部分，通常反映作者对相关问题研究的深度和广度，规范地使用注释可以增强论文的科学性和客观性。

学习本章的目的有：了解注释的概念、类型及作用，掌握使用注释的情形、方法及了解使用注释需要注意的问题。

第一节　注释的概念和类型

注释是论文中必不可少的组成部分。注释也称为注解，是对书籍或文章中的词汇、内容、背景、引文做介绍、评议的文字。注释对引文做介绍的目的是保障论文原作者的知识产权。按照时间的久远程度划分，注释分为古代注释和现代注释，下面分别讲述这两种注释的概念和类型。

一、古代注释的概念和类型

（一）古代注释的概念

古代注释是指古代人为古代书籍做的注释。阅读古书，主要有两个方面的障碍：一是语言文字方面的障碍，二是知识性方面的障碍。清朝人或清朝以前的人做出的注释就属于古代注释,简称古注。为了能够让人读懂古书,一代又一代学者付出了艰辛的劳动,即为古代书籍做注释。古代注释是一种特殊的文献类型,可以以书籍方式出版。

(二) 古代注释的类型

古代注释是我们阅读古代语言的阶梯和桥梁。借助古代注释,人们才能读懂古代书籍,因此古人读书非常重视注释。例如,阮元在《十三经注释》中说:"窃谓士人读书当从经学始,经学当从注疏始。空疏之士,高明之徒,读注疏不终卷而思卧者,是不能潜心研索,终身不知有圣贤诸儒经传之学矣。"

古代注释始于我国先秦时期。古代注释通常分得比较详细,有注、释、传、笺、疏、章句等。

1. 注

"注"是指为古书流注、注明,言之为解说。注的作用是"使文意如水之流注,畅通明晓"。注的内容比较广泛,主要包括解释词义、注明音读、疏通文意、阐明思想、分析句读、讲解语法、说明修辞手段、诠释典故、校正文字、考证人名和地名等。例如,唐朝人刘知几的《史通·补注》就属于"注"这种文体的范畴。

2. 释

"释"是指解释、说明,具有辨别、分析的意思。

3. 传

"传"是解说经文字词、阐明大义的注释。古代将儒家的重要文献叫作"经",将解释经书的著作叫作"传"。例如,孔子著《春秋》,后来写书解释《春秋》者,有《春秋左氏传》《春秋公羊传》《春秋谷梁传》[⊖]。

4. 笺

"笺"是对传文进行补充订正的一种注释。笺的本义是小竹片,古人用笺对注释做进一步的解释,并随时记下自己的心得体会,以备参考。

[⊖] 《春秋左氏传》《春秋公羊传》《春秋谷梁传》统称为"春秋三传"。

5. 疏

"疏"也称为"义疏",或称作"义注""正义""疏义"等,即疏通文意。例如,《毛诗正义》《周易正义》等。疏的特点是不仅对古书原文进行注释,而且对前人所做的注解也进行注释。唐代有"疏不破注"的传统,作者在尊重原注的同时,较少有创新性的解释。

6. 章句

"章句"是"离章辨句,分析章节句读"的意思。章句的特点是,除了对古书做逐词解释外,还要说明句意和全章大意,分析句法,辨明篇章结构等。例如,《孟子章句》《楚辞章句》等。

二、现代注释的概念和类型

(一) 现代注释的概念

现代注释是指清代以后的人对书籍(包括古书)或文章中词汇、内容、背景、引文做出介绍、评议的文字。现代注释的主体是清朝以后的人,注释的客体不仅包括现在的书籍,也包括古代书籍。现代注释依附于文献分散在正文中,以升华原始文献的利用价值。

(二) 现代注释的类型

1. 按照作用划分

按照作用不同划分,注释可以分为内容注释和来源注释。

(1)内容注释。内容注释是指对论文或者书籍的正文中某一部分的概念、字词音义、语句、时间地点、人物事迹、典故出处、时代背景或者观点做出进一步说明,但是为了防止内容冗杂、影响正文观点的表达,而将一部分内容放在正文段落之外(文末或者页边)。内容注释主要有以下几个方面:①题目注释。这类注释主要介绍论文写作的时代背景、论文出处、论文研究的课题来源等方面的内容。②作者简介注释。许多期刊将作者简介放在注释里,方便读者进一步了解作者的年龄、籍贯、工作单位、职称、研究方向、主要研究成果、通讯地址等方面的内容,不仅方便读者了解作者的相关情况,也方便同行专家、学者交流、学习。③专业术语注释。有些专业术语、词句、典故等不便放在正文中表述，可以在注释中进一步说明、解释，可以帮助读者进一步了解这些专业术语、语句、典故等，以加深读者对问题的理解。④学术观点注释。有些学术观点不便在正文中表达，需要在注释中阐述或者评价，这样可以使论文不至于显得过于冗长，也不会冲淡作者需要着重表达的内容。

（2）来源注释。来源注释是指对论文或者书籍正文中的语句、观点、数据、资料来源的标注。来源注释一方面介绍语句、观点、数据、资料的来源，另一方面便于读者进一步查证、学习。这时，来源注释的作用类似于参考文献，即参考文献著录。注释不同于参考文献，但是来源注释又类似于参考文献。参考文献通常表明作者参阅过某部著作或者某篇论文的观点，但未必在文中引用了原作者的语句，参考文献通常具有间接引用或者间接借鉴的作用。注释代表作者直接或者间接引用了某部著作或者某篇论文中的观点。例如，在审查论文重复率的过程中，论文中以注释标注的部分不列入抄袭的范围。从这一角度来看，注释的使用比参考文献的使用更准确、更严谨，来源注释可以区分作者的观点和他人的观点，是学术研究规范化的要求，也是尊重他人知识产权和劳动成果的体现。

2. 按照内容的来源划分

按照内容的来源划分，注释分为本文注和引文注。

（1）本文注。本文注是指论文作者为了进一步说明问题而做出的解释。这类脚注不需要列入参考文献中。

（2）引文注。引文注是指论文作者引用他人思想、观点而做出的解释。引文注分为直接引用和间接引用两种。直接引用是指论文作者直接引用他人的语言、文字。直接引用的内容通常需要用双引号标注。间接引用是指论文作者间接引用他人的语言、文字。间接引用的内容通常不需要用双引号标注。

3. 按照在正文中的位置划分

按照在正文中的位置划分，注释分为脚注和尾注。注释在书籍中通常用脚注，在期刊中有用尾注的，也有用脚注的。不同的期刊、杂志其格式不同，注释的位置也不同。

（1）脚注。脚注通常放在正文当页之下，也称为本面注，以方便读者随时查阅。脚注通常在正文的同一个页面内按照出现的先后顺序排列。

（2）尾注。注释也可以列于论文之后标注，称为篇末注或者尾注。尾注通常在一篇论文最后按照注释出现的先后顺序排列，篇幅较长的论文通常不适合使用尾注。

三、古代注释和现代注释的关系

文化是有渊源的，注释也是如此。如果用河流来比喻古代注释和现代注释的关系，那么，我们可以说，古代注释是源，现代注释是流，古代注释是现代注释的基础和依据，现代注释是古代注释的发展。相比于古代注释，现代注释的特点主要有以下几个方面。

1. 现代注释更加简单、明了

相比于古代注释，现代注释更加简单、明了，更方便读者阅读和使用。

2. 现代注释的使用通常比较灵活

现代注释的使用通常比较灵活，既可以是对正文涉及的概念、术语进行解释，也可以是自己观点的进一步阐明、深化，还可以标注参考文献的准确出处。

3. 现代注释更加注重规范、科学和理性

现代注释比较重视自然主义或历史主义的观点，强调注释要更加规范、科学和理性。现代引文注释通常有统一、固定的格式。

第二节 注释的作用

许多人在写作论文时不注重注释的规范使用，这是错误的。其实，许多专家、学者在阅读论文时首先查看作者使用的注释，以确定论文写作的深度和广度。注释的作用主要有以下方面。

一、保障文献原作者的著作权

注释是保障文献原作者著作权的重要方法之一,可以避免有些人将别人的观点、成果当成自己的观点、成果。

注释观点、成果的出处,也是学术研究规范的基本要求。一篇没有注释、没有参考文献的论文,难以被期刊、杂志、出版社采用。注释在一定程度上反映了作者尊重他人知识产权和劳动成果的素养。

二、方便读者查阅或者延伸阅读

注释是阅读古代文献、掌握古代知识文化的桥梁。距离我们比较久远的古代文献都是通过注释让读者明白其语意的,注释是我们掌握古代文化的桥梁。

注释还可以帮助读者查阅文献的出处,对于不明白的问题读者可以进行延伸性的进一步阅读。

三、消除读者的阅读障碍

注释通常会解释一些名词、术语、写作背景、语句来源等,有助于消除读者阅读的障碍,帮助读者深刻地理解论文的写作背景,查阅相关语句的来源,以加深读者对问题的理解。

四、表达作者无法尽意的观点

注释通常表达作者在正文中无法表达的内容。如果有些内容在正文中表达,会显得很累赘,会冲淡作者需要表达的主题思想,这时,注释就发挥了对正文内容进行补充的作用。

一篇论文的内容越深刻,专业性越强,其注释的内容通常就越丰富,显示着作者研究的深度和广度。

第三节　注释的方法

注释是学术论文的必备部分，了解注释的方法有助于灵活、规范地使用注释。而灵活、规范地使用注释，有助于学术研究的规范、稳定，也有助于作者克服抄袭使用他人成果的随意性，避免知识产权纠纷带来的问题。

一、古代书籍中注释的使用方法

为了阅读方便，大约从东汉开始，就有了经、注合一的经注本。只有注释的书籍为单注本；既有经又有注的书籍为经注本。为了博采众长，从魏晋开始出现了"集注本"。例如，《春秋经传集解》《论语集解》等。在经注本、集注本古籍中，注释列在正文之中，有双行夹注和夹注两种。

注释用字体大小、字行排列和各种符号把经、注、疏区别开来。阮元在《毛诗注疏校勘记序》云："经作大字，注释文、正义皆小字双行在其下。《释文》首加'〇'隔之，正义首加'疏'字围其外隔之。"

二、现代书籍中注释的使用方法

在现代书籍或者论文中，注释是指对书籍或者论文中需要进一步解释、但又不便在正文中说明的内容采用的标注方式。

（一）直接引用的标注方法

直接引用原文通常在正文中用双引号（""）标注。如果一句话全部引用，那么需要将句号标注在双引号里面，并将脚注标号放在引号外面。例如，康德认为："每个人都会承认，一条规律被认为是道德的，也就是作为约束的根据，它自身一定要具有绝对的必然性。"如果只引用半句，则将标点放在双引号外面。例如，康德认为，如果一条规律可以"作为约束的根据"，那么"它自身一定要具有绝对的必然性"。

（二）间接引用的标注方法

间接引文通常以"参见"或"详见"等引领词来引导，反映出与正文行文的呼应关系，标注时应当注出具体参考印证的起止页码或者章节。标注的项目、顺序、格式和直接引文的标注法一致。如果对引用论文做了归纳，那么应当把脚注标号放在归纳观点的句号后，在脚注中标明"参见"㊀或"资料来源"㊁的字样。

三、使用注释需要注意以下几个问题

在使用注释时，应当注意严谨、规范地使用，避免不规范地使用注释造成的对文意的错误理解。在规范使用注释方面，需要注意的问题主要有以下几个方面。

（一）注意参考文献与注释的差异

注释不同于参考文献。有些期刊、杂志社将注释等同于参考文献，例如，将论文中出现的引用他人的内容直接同参考文献的序号相联系，这是不理解参考文献和注释差别的表现。

（二）注意直接引用和间接引用的差别

有些作者将转引注释为直接引用，将引自译著的引文注释为外文原著，均属伪注，属于学术不端的行为，应当予以注意。例如，一些作者在引用译著时本来引用的是中文版，却标注为原文版。

（三）注意规范地标注注释

1. 有些注释不应当标注在论文作者的名字上

有些作者、学生常常将注释标注在人名上，而标注在人名上的注释往往不是解释这个人的个人简历，而是注释某人发表的某一篇文章，这也是不规范使用注释的做法。例如，某学生在博士论文中写道，"杨芳芳[49]提出，就业保障体系是由就业预备、就业预告及就业保险组成，并对就业保障体系运营系统过程进行了规划。"其论文最后第［49］个参考文献写道："杨芳芳. 构建中国的就业保障体系［J］. 北京行政学院学报，2004（2）：51-56."从

㊀ 参见后面可以加注冒号，也可以不加冒号。

㊁ 资料来源后面可以加注冒号，也可以不加注冒号。但是，一篇论文中的标点使用应当一致，不能有的地方加冒号、有的地方不加冒号。

这个例子可以看出，参考文献［49］显然不是在解释杨芳芳这个人，而是在解释杨芳芳所写的一篇论文。可见，将注释标注在人名之后是不规范的。

2. 有些年代不应当标注在论文作者的名字上

有些作者、学生常常将某作者某年发表的论文的年代标注在论文作者之后，这也是不规范使用注释的结果。其实，我们在人名之后加年代，通常是标注某人生于某年或者卒于某年，将论文发表的年代标注在作者人名之后，容易让人理解为某人生于其写作论文的年代，这也是不规范的。例如，"王媛（2009）对山东地区调研发现，对农民参保的主要影响因素有：性别、农田数量、子女性别、期望养老金量、儿子比例、村落位置、邻里效应等。"这里，括号起到了注释的作用，但是这样的标注是不规范的。

3. 有些注释不应当标注在双引号内

有些作者、学生将注释的标号放在双引号内，这是不规范使用注释的做法。例如：

《裴度还带》写过："养小防老，积谷防饥⊖。"

其正确的标注方法为：

《裴度还带》写过："养小防老，积谷防饥。"⊖

这里，作者直接引用的是完整的句子，对完整的句子做注释，其标号应该在句子之外。相反，如果仅仅引用的是句子的一部分，是一个观点，那么这时注释的标号应该在句号内。

4. 注释已经发表的论文或专著应该以修订版为依据

修订意味着作者对于原来的观点、材料表述不满意，修订版表达的观点才是作者最终需要表达的观点。

案例 5.1　你如何评价下列句子中使用的注释

某杂志上发表的某篇论文中写道：预期寿命的增加使老人愈发需要照顾，子女的养老负担和赡养问题成为老龄化社会的普遍问题⊖。

案例分析

这个句子中，存在注释标注上错误的问题。其正确的标注方法为：

预期寿命的增加使老人愈发需要照顾，子女的养老负担和赡养问题成为

老龄化社会的普遍问题。㊂

这里，作者显然是完整地引用了论文原作者的观点，是一个完整的句子，其注释的标号应当标注在句号之后。

思 考 题

1. 简述古代注释的类型。
2. 现代注释的内容有哪些？
3. 简述现代注释的特点。
4. 简述现代注释的作用。
5. 使用注释需要注意哪些问题？

第六章

参考文献

参考文献同注释一样，也是完整的学术论文不可或缺的组成部分，参考文献的数量和质量是评价论文质量和水平的重要依据之一，也是评价出版物水平的重要依据之一。

学习本章的目的有：了解参考文献的作用、类型和使用原则，掌握参考文献标注的方法，学会规范地使用参考文献。

第一节 参考文献的概念和作用

规范地使用参考文献是学术传承、发展的需要，也是学术研究的必备过程。在讲述参考文献的作用之前，本节先讲述参考文献的概念和类型。

一、参考文献的概念

参考文献也称参考书目，是指在学术研究的过程中对某一论文或某一著作中学术观点的引用和借鉴。我国《信息与文献 参考文献著录规则（GB/T 7714-2015）》规定，参考文献是指为撰写或编辑论文或著作而引用的有关文献信息资源。参考文献是作者直接阅读过的、正式出版的出版物上的主要文献。参考文献的书写格式通常不能随意更改，要按照规定的标准规范地标注。

参考文献通常放在正文的后面,按照作者引用、借鉴他人观点的顺序列出,参考文献的顺序通常用方括号内的数字连续地编号,例如,[1][2][3]等。一种文献在同一论文中被反复引用,可以用同一序号标注,需要标明引文具体出处的,可以在序号后面加圆括号注明页码或者章、节、篇名。

二、参考文献的作用

(一)参考文献可以帮助作者、读者了解前人或他人的研究成果

任何研究都是在前人已有研究成果的基础上展开的,论文写作引用、参考、借鉴他人科研成果也很正常。它表明作者对国内外相关研究了解的程度,即前人已经解决了哪些问题,尚未解决哪些问题或者前人研究某一问题中存在哪些偏差或漏洞,可以帮助读者将论文作者的研究成果同前人或者他人的研究成果区别开来。标注参考文献有助于读者了解前人或他人的研究成果。

(二)参考文献可以起到索引论文的作用

参考文献承载着大量的学术信息,大量阅读、理解和分析参考文献可以起到索引论文的作用,论文审阅者、编者、读者通过参考文献可以查阅相关论文。同时,参考文献可以为论文审阅者、编者、读者提供论文价值和水平评价的参考依据。

(三)参考文献可以帮助读者延伸阅读

参考文献是完整学术论文不可或缺的组成部分。对于读者来说,参考文献可以交代论文研究的起点和深度,是深入领会、理解问题的一扇大门。学术问题通常有一个发展的脉络,不了解学术问题发展的脉络,就不能对学术问题进行深入研究。参考文献的标注便于读者进一步了解问题的来龙去脉,便于读者查阅相关研究资料,启发读者深入地思考问题。

(四)标注参考文献是规范学术研究的基本要求

标注参考文献,可以节约篇幅。规范地标注参考文献,可以使作者不必大段地抄录原文,只需引用其中的重要观点与数据,这样可以节约论文的篇

幅，避免长篇累牍地介绍，也可以避免出现抄袭、剽窃他人研究成果的问题，更是尊重他人学术研究成果和知识产权的表现。

（五）标注参考文献可以避免重复研究

参考文献可以帮助读者将他人的观点和作者的观点区分开来，可以避免重复前人或者他人已经完成的研究，避免精力的重复投入和科研资源配置的浪费。

第二节　参考文献的类型和使用原则

我们生活在知识、信息爆炸的时代，可以使用的参考文献也比较多，可谓"卷帙浩繁""不计其数"。如何在繁多的参考文献中做到有取有舍、为我所用呢？通常，需要了解参考文献的类型、文献标识码，需要遵循参考文献的使用原则。

一、参考文献的类型及文献标识

区分参考文献的类型，可以帮助我们分类查找相关的文献资料。使用文献标识码，可以方便使用者查阅、索引。

参考文献类型及文献标识如表6-1、表6-2所示。

（1）文献类型和标识（见表6-1）

表6-1　文献类型和标识

文 献 类 型	标　　识	文 献 类 型	标　　识
普通图书	M	专利	P
会议录	C	数据库	DB
汇编	G	计算机程序	CP
报纸	N	电子公告	EB
期刊	J	档案	A
学位论文	D	舆图	CM
报告	R	数据集	DS
标准	S	其他	Z

(2) 电子资源载体和标识（见表6-2）

表6-2 电子资源载体和标识

载 体 类 型	标 识	载 体 类 型	标 识
磁带	MT	光盘	CD
磁盘	DK	联机网络	OL

二、参考文献的使用原则

在写作论文的过程中，如果论文作者使用或者借鉴了其他作者的观点，那么就需要列出论文中引用的每一条文献著录，以避免查阅资料带来的不必要的麻烦，同时也是尊重其他人劳动成果、著作权的体现，可以避免侵害他人的知识产权，避免引发知识产权纠纷。参考文献的使用原则主要有以下几个方面。

（一）专业性

专业性是指论文应当引用专业的信息来源。一些道听途说、无法证实的信息、数据，不能成为专业性学术论文的信息来源或者引用的数据。

（二）权威性

在使用参考文献的过程中，应该使用具有一定学术地位的专家、学者（通常为大学副教授及其以上或相当于副教授职称及其以上）的观点，或者使用权威期刊发表的论文，或具有代表性的学术论文。例如，一些博士生、硕士生写作的学位论文，通常不宜作为论文的参考文献。这主要是因为，一些博士生、硕士生写作的学位论文可能存在质量差，有些数据、结论存在偏颇的问题，不宜作为学术研究的参考文献。

（三）准确性

准确性要求在使用参考文献的时候，必须准确地表达他人的思想、观点。直接或者间接引用了他人的学术观点、数据、材料和结论等，应当准确、如实地标明出处，不得断章取义，不得牵强附会，不得随意地改变作者原来的观点，这是对他人学术研究成果的理解和尊重，也是学术研究者应当具有的严谨治学的态度，这一态度也是教育、科研工作者必须具备的基本素质之一。

（四）相关性

参考文献综述应当同论文选题密切相关，同论文选题无关的内容应当略写或者不写。例如，有些学生在写作文献综述的过程中，将一些同论文选题无关的内容罗列进去，不仅冲淡了所要研究的问题，而且还会跑题。

三、使用参考文献时需要注意的问题

在使用参考文献的过程中，应当注意以下几个方面的问题。

1. 准确地使用参考文献

查找、引用的参考文献应当以第一级论文的出处为依据，尽量不要使用转引，避免曲解原意，以讹传讹。如果有原发论文的，尽量查看原发论文，不要使用转引用的论文，避免出现引用错误。尽量不要引用文献综述。文献综述的作者在写综述的时候，有时会误解作者的本意，造成以讹传讹。

2. 注意参考文献同研究问题的相关性

有些学生在写国内外研究现状时，可能会梳理一些同研究问题无关的内容。显然，这样的做法就是跑题，需要重写。同时，在标注参考文献的过程中，不要标注与论文无关的参考文献。

3. 审慎地标注本人发表的文献

作者本人发表的论文，可以作为其他论文的参考文献。但是，有些论文的作者将一些同研究主题无关的、自己发表的论文都罗列出来，作为参考文献，这是不妥的。须知，参考文献不是作者成果的介绍，而是整篇论文的支撑文献。

4. 审慎地使用网络文献、报纸文献

目前，我国一些权威机构、国际知名研究机构发表的网络文献可以使用。但是，有些网站、报纸上发表的文献是经不起推敲的，应当审慎地使用。如果一篇论文使用了大量的网络文献、报纸文献，那么它也难以成为具有较高价值的学术论文。

5. 准确地标注参考文献的出处

准确地标注参考文献的出处，切勿弄错文献的出版版次、出版时间、页码等文献信息，切勿将文献的译者标注成作者，这也是学术研究严谨、科学的体现。

第三节　参考文献标注法

参考文献标注法是指有关管理部门或者权威机构针对参考文献的标注做出的一系列规定的总称。这些规范也是在标注参考文献的过程中经常使用的方法。下面介绍常用参考文献的著录格式及示例。

一、著作图书

格式

[序号] 作者．书名：其他书名信息 [文献类型标识/文献载体标识]．版次（第1版应省略）．出版地：出版者，出版年：引文页码 [引用日期]．获取和访问路径．数字对象唯一标识符．

示例

[1] 邓开明，潘国顺，华文玉．大学物理：上册 [M]．北京：机械工业出版社，2005．

[2] 陈宏钧，方向明，马素敏，等．典型零件机械加工生产实例 [M]．2版．北京：机械工业出版社，2005：324-350．

[3] 中国造纸学会．中国造纸年鉴：2003 [M/OL]．北京：中国轻工业出版社，2003 [2014-04-25]．http：//www.cadal.zju.edu.cn/book/view/25010080．

[4] 冯友兰．冯友兰自选集 [M]．2版．北京：北京大学出版社，2008：第1版自序．

[5] PEEBLES P Z. Probability, random variable, and random signal principles [M]．4th ed. New York：McGraw-Hill, 2001.

二、翻译图书

格式

[序号] 作者．书名 [文献类型标识/文献载体标识]．译者．版次（第1版

应省略).出版地:出版者,出版年:引文页码.

示例

[1] 伊林斯基.金融物理学[M].殷剑峰,李彦,译.北京:机械工业出版社,2003:118-130.

[2] SHELLY G B,CASHMAN T J,ROSENBLATT H J.系统分析与设计教程[M].李芳,朱群雄,陈轶群,等译.北京:机械工业出版社,2004:306-420.

三、期刊

格式

[序号]作者.文章名[文献类型标识/文献载体标识].期刊名,年,卷(期):引文页码[引用日期].获取和访问路径.数字对象唯一标识符.

示例

[1] 李晓东,张庆红,叶瑾琳.气候学研究的若干理论问题[J].北京大学学报(自然科学版),1999,35(1):101-106.

[2] 李炳穆,等.理想的图书馆员和信息专家的素质与形象[J].图书情报工作,2000(2):5-8.

[3] 李幼平,王莉.循证医学研究方法:附视频[J/OL].中华移植杂志(电子版),2010,4(3):225-228[2014-06-09].http://www.cqvip.com/Read/Read.aspx?id=36658332.

四、会议录、论文集

[1] 杨海成,等.2003年敏捷制造国际会议论文集[C].北京:机械工业出版社,2003.

[2] 陈志勇.中国财税文化价值研究:"中国财税文化国际学术研讨会"论文集[C/OL].北京:经济科学出版社,2011[2013-10-14].http://apabi.lib.pku.edu.cn/usp/pku/pub.mvc?pid=book.detail&metaid=m.20110628-BPO-889-0135&cult=CN.

[3] 中国职工教育研究会.职工教育研究论文集[G].北京:人民教育出

版社，1985.

五、报告、学位论文

［1］中华人民共和国国务院新闻办公室．国防白皮书：中国武装力量的多样化运用［R/OL］．（2013-04-16）［2014-06-11］．http：//www. mod. gov. cn/affair/2013-04/16/content_ 4442839. htm.

［2］吴云芳．面向中文信息处理的现代汉语并列结构研究［D/OL］．北京：北京大学，2003［2013-10-14］．http：// thesis. lib. pku. edu. cn/dlib/List. asp？lang = gb&type = Reader&DocGroupID = 4&DocID = 6328.

六、专利文献、标准

［1］张凯军．轨道火车及高速轨道火车紧急安全制动辅助装置：201 2201 58825. 2［P］．2012-04-05.

［2］河北绿洲生态环境科技有限公司．一种荒漠化地区生态植被综合培育种植方法：01129210. 5［P/OL］．2001-10-24［2002-05-28］．http：// 211. 152. 9. 47/sipoasp/zlijs/hyjs-yx-new. asp？recid = 01129210. 5&leixin = 0.

［3］全国电工术语标准化技术委员会．电工术语半导体器件和集成电路：GB/T 2900. 66—2004［S］．北京：中国标准出版社，2004.

［4］国家环境保护局科技标准司．土壤环境质量标准：GB 15618—1995［S/OL］．北京：中国标准出版社，1996：2-3［2013-10-14］．http：// wenku. baidu. com/view/b950a34b767f5acfalc7cd49. html.

七、报纸

［1］张田勤．罪犯 DNA 库与生命伦理学计划［N］．大众科技报，2000-11-12（7）.

［2］余建斌．我们的科技一直在追赶：访中国工程院院长周济［N/OL］．人民日报，2013-01-12（2）［2013-03-20］．http：//paper. people. com. cn/rmrb/html/2013-01/12/nw. D110000renmrb_20130112_5-02. htm.

八、电子资源（不包括电子专著、电子连续出版物、电子学位论文、电子专利）

格式

[序号] 主要责任者.题名：其他题名信息［文献类型标识/文献载体标识］.出版地：出版者，出版年：引文页码（更新或修改日期）［引用日期］.获取和访问路径.数字对象唯一标识符.

示例

[1] 萧钰.出版业信息化迈入快车道［EB/OL］.（2001-12-19）［2002-04-15］.http：//www.creader.com/news/20011219/200112190019.html.

[2] 北京市人民政府办公厅.关于转发北京市企业投资项目核准暂行实施办法的通知：京政办发［2005］37号［A/OL］.（2005-07-12）［2011-07-12］.http：//china.findlaw.cn/fagui/p_1/39934.html.

九、其他

[1] 西门子（中国）有限公司.S7-200 CN可编程序控制器产品目录［Z］.2006.

十、专著中析出的文献

格式

[序号] 析出文献主要责任者.析出文献题名：其他题名信息［文献类型标识/文献载体标识］.析出文献其他责任者//专著主要责任者.专著题名：其他题名信息.版本项.出版地：出版者，出版年：析出文献的页码［引用日期］.获取和访问路径.数字对象唯一标识符.

示例

[1] 程根伟.1998年长江洪水的成因与减灾对策［M］//许厚泽，赵其国.长江流域洪涝灾害与科技对策.北京：科学出版社，1999：32-26.

[2] 钟文发.非线性规划在可燃毒物配置中的应用［C］//赵玮.运筹学的理论与应用：中国运筹学会第五届大会论文集.西安：西安电子科技大学出版社，1996：468-471.

十一、注意事项

（1）提及的参考文献为文中的直接说明时，则文献序号应与正文平排，如"由参考文献［4，8，10-14］可知"。

（2）参考文献个人著者采用姓在前、名在后的著录形式。欧美著者的名可缩写（均应大写），并应省略缩写点。欧美著者的中译名只著录其姓；同姓不同名的欧美著者，其中译名不仅要著录姓，还要著录其名的首字母。著者不超过三人时，可全部著录；超过三人时，只著录前三人，其后加"，等"，英文用"，et al"。

（3）参考文献中的著者姓名前不加国籍，除"译"之外不必著录作者的著作方式。

（4）版本著录采用缩略的形式，如：第三版→3 版，Second edition→2nd ed，Third edition→3rd ed，Fifth edition→5th ed。

（5）期刊文献应注明年、卷、期、页码。阅读型参考文献的页码著录文章的起讫页或起始页，引文参考文献的页码著录引用信息所在页，如：

① 年，卷（期）：页码　　　　示例：2005，10（2）：15-20
② 年，卷：页码　　　　　　　示例：2014，510：356-363
③ 年（期）：页码　　　　　　示例：2010（6）：23

第四节　参考文献与注释的关系

参考文献与注释都是论文不可或缺的组成部分。参考文献与注释之间有区别，也有联系。学习、分析注释和参考文献的区别和联系，可以帮助我们更加规范地使用注释和参考文献，希望大家在学习、使用的过程中深刻地领悟。

一、注释与参考文献的联系

参考文献和注释都发挥着索引、解释的作用。正是由于注释和参考文献存在联系，有些人认为，注释和参考文献是一个概念，都属于注释的范畴。学术论文只要规范地注释语句、观点、文献来源就可以了，不需要再列入参考文献。因此，像中国社会科学这类杂志上发表的论文只有注释，没有参考文献。又如，中国人民大学出版的《经济理论与经济管理》将论文中涉及的前人的观点均在参考文献中按照出现的顺序标明，并标注页码，其论文中不使用注释标注观点的准确出处。《经济理论与经济管理》标注的参考文献也等同于注释，发挥着注释的功能。

二、注释与参考文献的区别

注释与参考文献之间存在着显著的区别，作者在撰写论文时应当将二者区分开来，避免不规范地使用参考文献和注释。注释与参考文献的区别主要有以下几个方面。

（一）标注资料、文献的范围不同

参考文献通常使用的是公开发表、有可靠出处的资料、文献或者有明确收藏地点的善本、档案。例如，政府管理部门发布的统计数据，就属于公开发表的数据资料。注释的使用可以是公开发表的文献，也可以是未公开发表的私人通信、内部资料、书稿或者转引其他文献的信息等，注释引用的文献范围比参考文献更加宽泛。

（二）标注资料、文献的内容不同

参考文献通常参考了通篇主要内容和观点，可以直接引用，也可以间接引用。注释不仅对论著正文中某一特定内容进一步解释或者说明，而且可以标注直接引用论文的页数，间接引用的注释通常标注"参见"二字。从这一角度来看，注释的内容比参考文献更有针对性。

（三）标注资料、文献的方式不同

参考文献通常列于论文末尾，以方括号的方式标注，如［1］［2］等。注释通常列于本页的下方，以圆圈加汉字的方式标注，如㊀㊁等。

思　考　题

1. 简述参考文献的作用。
2. 简述参考文献使用的原则。
3. 使用参考文献需要注意哪些问题？
4. 简述注释与参考文献的区别和联系。

第七章
论文的发表

学术出版物是学术研究成果推向社会的主要形式，也是学者与社会的主要沟通渠道，还是学科学术发展的主要载体。[1]政府管理部门批准发布的学术期刊、著作、报纸、网站等是科学研究成果的重要载体。目前，我国自媒体的发展方兴未艾，自媒体上发表的论文有些单位认同，有些单位不认同。

学习本章的目的有：了解论文发表的程序和需要注意的问题。

第一节 论文发表的概念和作用

一、论文发表的概念

论文在国内外有正规批准文号的期刊上发表，或者在涉及国家机密、非公开发表的内参上刊登，均可以认可为论文的发表。对于论文发表的概念，可以从以下几个方面理解。

1. 论文发表强调独创性

论文发表的内容必须是作者原创、独创的研究成果，禁止抄袭、剽窃，这是论文不同于教材、工具书、学习手册、习题集等出版物的特点。因为教材、工具书等是在总结别人的研究成果，教材作者在编书的过程中借鉴别人的观点，引用别人的论述也是可以的，但是论文则强调独创性，必须是论文作者自己的研究成果。

2. 论文发表的基本要求是文责自负

文责自负是指论文作者对其发表在论文中的观点、技术性错误等承担责任。如果论文作者引用他人研究成果，又不在论文中以注释或者参考文献的方式标注的话，就会涉嫌抄袭，就应当承担相应的后果。如果论文作者的观点、实验数据等存在错误，也应当承担相应的责任。

3. 论文发表的基本要求是论文达到期刊的质量要求

一篇严谨、规范的论文，可以减少编辑的工作量。相反，如果论文质量达不到发表的要求，就不会被编辑采用。其实，发表论文也不是一件容易做到的事情，其中包含着作者长期观察、研究的精力付出，包含着杂志社、出版社编辑的辛苦劳动，更包含着论文外审专家的智慧和心血。

4. 论文发表的载体是国内外有正规批准文号的期刊

论文发表是指论文在期刊、杂志上刊载。这些期刊、杂志必须具有正规的期刊号、期刊名称、页码和版面等信息，这些信息必须在国家新闻出版广电总局备案，必须同时具备国内刊号（CN 刊号）和国际刊号（ISSN 刊号）。论文如果发表在没有批准文号的期刊上，那么通常不能视为论文的发表。目前，我国一些研究机构、高校等部门通常将发表在正规期刊上视为论文发表。

二、论文发表的作用

论文发表对于社会、个人具有不同的作用，下面分别讲述。

（一）论文发表对于社会的作用

1. 发表论文是学术交流、沟通的需要

研究人员、教师、学生将自己的学术观点在期刊、专著、报纸、网站等媒体上发表出来，可以让同行了解作者正在进行的研究工作，方便同行之间进行学术研究的交流和沟通。

2. 发表论文是知识、技术推广和应用的需要

发表论文不仅需要同行了解、知悉，同时也需要更广泛的人群了解、知悉。因为有些知识、观点、方法知道的人越多，越有利于知识、技术的推广和应用，同时也有利于科研成果转化为现实的生产力。特别是有些哲学社会科学方面的论文，承担着思想启蒙、转变思想观点的作用，需要让更多的人知道。发表论文有助于知识、思想、观念的推广和应用。

3. 发表论文是知识、技术传承的需要

发表论文可以将研究人员、教师、学生某一时期的研究成果记录下来，可以给后来的研究人员、教师、学生以思想的启迪，这不仅是知识积累的需要，也是知识、技术传承的需要。

4. 发表论文是知识、技术进步和创新的需要

学术观点的传播、沟通、交流，可以启发别人思考问题的思路，有助于知识、技术的进步和创新。

（二）论文发表对于个人的作用

论文发表对于研究人员、教师、学生来说具有重要的作用，关系到在职人员的工作量计算、职称评定以及学生的推荐保研，更关系到学生学位资格的申请。

1. 发表论文对于在职职工的作用

发表论文是对研究人员、教师进行工作量考核、职称评定的依据，也是研究人员、教师申请课题的参考依据之一。研究人员、教师发表论文的数量和质量体现着研究人员、教师的学术地位。一般来说，研究人员、教师发表论文的等级越高，其学术地位也就越高。

2. 发表论文对学生的作用

发表论文的质量是推荐、保送本科生上硕士研究生的资格条件之一。在本科生学习效果评价体系中，发表论文这项因素占有十分重要的地位。硕士、博士研究生发表论文是用人单位评价、招录人才的参考依据之一，也是硕士、博士研究生是否有资格申请硕士、博士学位的依据之一。目前，一些高校明文规定，硕士、博士研究生只有发表若干学术论文后，才有资格申请硕士、博士学位毕业证书。学生发表论文还有助于提高个人的学术素养，有助于提升学生分析问题和解决问题的能力。

3. 发表论文是评价个人学术地位的依据之一

一位不发表论文的研究人员或者教师即使拥有较大的名气，也是名不符实的，难以拥有较高的学术地位。

第二节　论文发表的程序

论文发表的程序是指发表论文通常需要经过的流程。相对于报纸而言，期刊发表论文的周期通常比较长，为 4~6 个月。其通常需要经过"投稿——编辑部对论文分类、整理——编辑部审阅——论文的修改——答复——论文的发表——邮递样刊"这样一个流程。下面分别介绍论文发表的步骤。

一、投稿

投稿是作者将自己享有著作权的某一未发表的作品投寄给媒体、杂志社、出版社、广播电台，并希望被采用的行为。在投稿前，需要做以下工作。

1. 区分期刊的级别

选择期刊之前，应该能够区分期刊的级别。按照期刊的主办单位划分，期刊分为国家级期刊和省级期刊。

（1）国家级期刊。国家级期刊是指由党中央、国务院及所属各部门，或中国科学院、中国社会科学院、各民主党派和全国性人民团体主办的期刊及国家一级专业学会主办的学术期刊。

（2）省级期刊。省级期刊是指由各省、自治区、直辖市及其所属部、委办局、厅、局主办的期刊，以及由省级各本、专科院校主办的学报、学刊等。

2. 查看期刊的栏目

在选择期刊时，还需要查看期刊上已经发表的论文中都有哪些栏目，看看自己写作的论文是否适合期刊的已有栏目。如果适合，就可以投稿；如果不适合，就不宜投稿。

3. 查看期刊上论文的格式

查看自己选择投稿的期刊格式、字体安排、参考文献标注法等信息，按照期刊上已经发表的论文格式修改投稿论文的格式。

4. 查看投稿方式

查看期刊是否有网络投稿平台，如果有网络投稿平台，那么可以通过平台注册，投递电子文稿；如果没有网络投稿平台，可以查找编辑部的地址或电子邮箱，邮寄纸质文稿或投稿到电子邮箱。

5. 注明作者的通讯地址和联系电话

投稿时，通常需要注明作者的通讯地址、联系电话、电子邮箱等信息，以方便编辑联系作者修改、寄送期刊等事宜。

二、编辑部对论文分类、整理

编辑部对论文分类、整理的工作，主要包括以下几个方面。

1. 登记

期刊、杂志社收到论文后，会将论文进行编号、登记，其登记的顺序通常按照收到稿件的日期排列。

2. 分配稿件

编辑部负责论文登记的人员会将论文进行分类，然后将论文分给相关栏目的责任编辑。责任编辑收到论文后，应当签字、登记，记录哪位编辑人员收到了哪些论文，以便日后查找，也可以避免稿件遗失。

三、编辑部审阅

编辑部审阅论文通常实行三审制度。三审制度是指期刊、杂志社对论文实行初审、复审和终审的三步审查制度。实行三审制度的目的是保证论文的质量，提高论文的规范性、可信性和科学性。

1. 初审

初审是审稿的第一步，通常由编辑部的责任编辑负责。责任编辑在审读全部稿件的基础上对稿件的政治导向、思想倾向、理论和实践价值做出初审评价。通过编辑初审的论文，进入审稿的第二步，进行复审。未通过编辑初审的论文，通常退还给编辑部负责论文登记的人员。编辑部负责论文登记的人员在收到退还的稿件后，应当进行登记，记录退稿的原因、日期，并发出《不予用稿通知书》。

2. 复审

期刊的责任编辑人员难以成为知晓各专业方向的通才。在这种情况下，聘请外审专家对论文进行评审，是论文审阅的第二个步骤。复审通常由编辑部聘请的外部专家担任，外审专家通常为3~5名，外审专家从论文的严谨性、科学性、学术价值等方面做出实事求是的评价。

3. 终审

终审通常由编辑部的主编或者副主编担任，终审是审稿的最后一个步骤。从事终审工作的主编或者副主编主要审查论文是否存在政治导向错误、是否具有学术价值、是否会产生经济效益和社会效益等。

四、论文的修改

在论文初审、复审、终审的过程中，责任编辑会提出修改意见，并联系论文作者。论文作者对修改意见没有异议的，就应当按照责任编辑、外审专家等提出的修改意见，认真地进行修改。修改论文后，外审专家或者责任编辑需要对修改的内容进行再次审阅，确定没有异议、同意进入三审程序的话，论文才进入"终审"程序。

五、答复

经过以上程序后，编辑部会向作者发出《用稿通知书》，其目的是提醒作者论文已经被本期刊采用，不宜再向其他期刊、杂志投稿。如果编辑部初审不合格，那么论文将不需要再经过复审、修改、终审程序，编辑部会向作者发出《不予用稿通知书》。作者收到《不予用稿通知书》后，可以再向其他期刊投稿。

六、论文的发表

论文通过终审后,就可以交付印刷厂准备出版。在排版印刷的过程中,需要编辑、作者反复地校对清样,修改错误的词汇、语句、标点,以保证论文的出版质量。论文发表后,期刊、杂志社通常会给每位作者邮寄出两份有作者论文的样刊。论文发表后两个月左右,论文的电子版会被网络数据库收录。收录期刊论文的网站通常有:中国知网、万方数据、维普资讯或者龙源期刊网等。

案例 7.1　征稿启事的作用

征稿启事是出版社、杂志编辑部、大型展览的组织者、大型纪念活动组委会以及各类团体或部门,为征集某一专题文稿或者书法、绘画、摄影作品而向社会发布的启事。期刊、杂志的征稿启事中,通常透露期刊、杂志社急需什么类型的稿件。作者可以依据期刊、杂志社的《征稿启事》核对自己投稿的论文是否符合目标期刊的要求,以此来决定自己是否投稿。

第三节　论文发表需要注意的问题

论文发表需要注意的问题主要有以下几个方面。

一、提防陷入非正规期刊的陷阱

在非正规期刊发表论文通常不能算作论文发表。鉴定非正规期刊的官方机构是国家新闻出版广电总局。在国家新闻出版广电总局的网站有期刊检索的窗口。如果在期刊检索窗口搜索不到某期刊,那么该期刊就是非正规期刊;如果在期刊检索窗口能够查到,该期刊就是正规期刊。

由于利益驱使,一些搜索引擎上充斥着许多假期刊,许多营销人员愿意提供"贴心"的服务。值得注意的是,投稿、发表论文前一定要认真鉴别,避免陷入非正规期刊的陷阱,造成不必要的经济损失。

二、注意区分期刊的正刊、增刊

论文发表在期刊的正刊和增刊上,其分量通常是不同的,需要仔细鉴别,同编辑部仔细确认。

(一) 正刊

正刊是指按政府规定的出版周期按期出版的期刊。例如,半个月出版1期的期刊为半月刊,每月出版1期的期刊为月刊,每2个月出版1期的期刊为双月刊,每季度出版1期的期刊为季刊,每半年出版1期的期刊为半年刊,每年出版1期的期刊为年刊。正刊的发表通常是连续的,是受主管部门监管的,期刊的封面通常注明年份、期数等信息。例如,××年第1期、××年第2期、××年第3期——总第××期等字样。

(二) 增刊

增刊是指正刊之外不连续出版的期刊。增刊通常是临时出版的,是正刊之外不连续的刊物。增刊通常会在封面上注明"增刊"的字样。增刊的论文质量通常比正刊低,通常不被期刊网收录。

(三) 正刊与增刊的评价

许多高校、研究机构对期刊的正刊和增刊区别对待,通常发表在增刊上的论文比发表在正刊上的论文低一个级别。例如,某期刊为全国核心期刊,发表在正刊上的论文就按照全国核心期刊的标准计算工作量;但是,发表在该期刊增刊上的论文就不会按照全国核心期刊的标准计算工作量。又如,有些单位对于发表在增刊上的论文不认定为完成的工作量。正因为正刊与增刊的差别,作者需要在发表论文时多向编辑部联系、沟通,确定论文是发表在正刊上还是增刊上。根据编辑部回馈的结果,再决定是否发表论文。

三、审慎署名

署名通常代表作者对论文拥有知识产权,由知识产权带来的荣誉、奖励应当属于论文作者。不当署名主要包括借名投稿、挂名投稿、贡献不足者署名、署名转让等。借名投稿是指作者未将论文发给相关业内高知名度的专家审阅，甚至在专家不知情的情况下，将相关专家署名在其论文中。挂名投稿是指未参与创作但署名或者论文署名作者的研究方向与论文的研究内容不相关。[6]贡献不足者署名是指论文署名作者未做出贡献或者仅提出改进意见就署名。署名转让是指论文作者将署名权的一部分转让给其他未参与论文写作的人。不当署名也属于学术不端的范围。

目前，有些学生可能会将抄袭来的论文投稿，这时指导论文的老师或者研究人员就应当审慎署名，以免带来不必要的损失。除此之外，期刊、杂志社的主审或者其他审稿人也应当注意识别抄袭稿件。

案例 7.2　如何判断论文发表的周期

最近，李某想投稿到某期刊。李某不知道，该杂志社发表论文的周期有多长时间。他应该怎么办呢？

案例分析

李某可以查看期刊上某篇论文第一页下面标注的来稿日期，用发表日期减去来稿日期，就可以大致地计算出该期刊论文发表的周期。

案例 7.3　如何看待"一稿多投"

孟某，某高校在读博士生。某日，孟某将自己的论文打印了十几份，分别投递了多家期刊、杂志。如何看待"一稿多投"？"一稿多投"属于学术不端的行为吗？

案例分析

"一稿多投"是指作者将自己享有著作权的某一尚未发表的作品同时或者在某一特定的期限内投递给多家期刊或杂志社，并希望论文被采用的行为。造成学生、研究人员、教师"一稿多投"的原因主要有以下几个方面：①为了投中。为了提高稿件被录用的机会，一些学生采用了"一稿多投"的方法。有些学生在交流投稿经验时说，投出去十几份，大约可以投中一份。②有些编辑部不负责任，通常不回复作者是否采用的信息。③我国相关的法律、法规并没有对"一稿多投"的行为做出明确的限制性规定。

针对以上原因，有人认为，"一稿多投"属于学术不端的行为；但也有人认为，"一稿多投"不属于学术不端的行为，应该区分"一稿多投"同

"一稿多发（发表）"的区别。

我们生活在大数据时代，"一稿多发"一定会被发现。中国知网拥有的"学术不端文献检测系统"将同一作者文献重合度大于40%界定为学术不端；重合度大于90%的，界定为"一稿多投"；重合率在40%以上、90%以下的界定为自抄。对于不同作者的文献重合度在40%以上的，界定为疑似抄袭。

思 考 题

1. 如何理解论文发表的概念？
2. 简述论文发表的作用。
3. 简述学术期刊实行的"三审制"。
4. 简述论文发表中需要注意的问题。

第八章
论文的评价

论文评价是论文写作的重要环节,是评价论文是否具有价值、是否达到学术规范的基本要求的学术活动。在论文发表和学位论文审查的过程中,都会涉及论文的评价。

学习本章的目的有:了解论文评价的特点、标准和方法。

第一节 论文评价的概念和特点

一、论文评价的概念

"评价,即评定、估量、比较价值,是人把握价值的主要精神形式。"[7]论文评价是指同行专家或学者对论文是否具有研究价值、是否符合学术规范及其符合程度做出判断性结论的学术活动。论文评价是学术界的重要学术活动之一,是具有价值判断的学术活动。论文评价的主体是具有一定学术地位的专家、学者,论文评价的依据是学术界普遍认同的学术标准和学术规范,评价的客体是学生写作的论文或者同行写作的论文、研究报告、调查报告等,其目的是对学术研究成果做出结论性的评价意见。在论文评价中,评价的主体通常是具有一定感性和理性认识的个人。专家、学者个人具有的思想、道德、观念、价值观、专业知识等对论文的评价具有一定的影响。

二、论文评价的特点

论文评价主要具有以下五个特点。

1. 论文评价具有权威性

论文评价通常由学生的老师或者同行的专家、学者进行，其评价结论通常具有权威性。例如，为了保证评价的公平、公正，学位论文的评价通常由导师组来进行。导师组里，与学生论文直接相关的指导老师通常不得参与，以避免指导老师影响论文评价的结果。

2. 论文评价具有客观性

在评价他人或者学生的论文时，必须实事求是，做出客观、公正的评价。在学术成就的评定中，最重要的权重指标就是独创权和优先权，因此，作者署名非常重要。

3. 论文评价具有公正性

论文评价者应当公平、公正地对待每一篇论文，其评价不应当受其他单位、组织或个人的干涉。论文评价主体应当排除学术以外因素的干扰，对论文做出公平、公正的评价。不夸大、不贬低是专家、学者必须具备的学术道德素质。

4. 论文评价具有相对性

由于受到个人认识、能力和水平的限制，评价主体对论文的评价结论具有相对性。随着时间的流逝，评价结论的正确与否也会发生变化，其评价结论具有相对性。

5. 论文评价具有目的性

论文评价具有较强的目的性。例如，学士、硕士、博士学位论文获得"合格"的评价结论，作者就可以获得相应的学位。又如，课题结项的评价也是如此。如果评价的结论是"合格"的话，那么课题负责人就会获得后续的资助资金。如果采取不正当的手段，人为地干扰论文评价，那么就会使论文作者获得不正当的荣誉或者利益，从而滋生学术腐败。

三、论文评价的作用

1. 论文评价有助于鼓励知识创新

论文评价有助于鼓励作者持续地进行学术研究和对学术研究进行创新。

2. 论文评价有助于学术研究的进步

在论文评价的过程中,专家、学者、导师往往会提出进一步改进的意见,有助于激励学生进一步提高科学研究水平,取得学术进步。

3. 论文评价有助于完善学术规范

论文评价通常要求专家、学者提出论文值得肯定或者予以否定的研究,提出论文研究的不足和需要改进的地方,有助于完善学术规范,促进学术研究活动向规范化的方向发展。

4. 论文评价有助于维护良好的学术秩序

论文评价可以激励高水平的研究,发现低水平研究中存在的问题,起到奖励先进、督促落后的作用,也可以引导作者遵守学术道德和学术规范,维护良好的学术秩序,保护作者的知识产权成果。

第二节 论文评价的标准

论文评价的标准是指评价论文时所依据的标准,论文评价标准是学术规范的重要内容之一。论文评价标准通常由组织论文评价的单位来制定,专家、学者通常根据单位制定的评价标准予以评价。论文评价的标准通常有以下几个方面。

一、审查论文的原创性

原创性是指作者最先发现、最先提出或者最先创作的成果。作者可以是独立完成的,也可以是合作完成的。一般来说,学术论文的原创性高于教材、调研报告和通俗读物的原创性。一些研究机构、高等院校通常将论文作为评价作者学术地位和水平的重要参考依据。例如,某名牌大学教师职称的评审主要以作者发表在国家级期刊上论文的质量作为评价的依据，如果职称评审委员会委员认同其研究成果，就会投出赞成票；反之，就会投出反对票。最后，得票数多者，就会晋升高一级职称。

二、审查论文的创新性

创新性是指作者打破固有的思维模式，以新的角度、方法得出不同以往的研究成果。审查论文的创新性，是审查论文的核心。在确定论文评价标准时，各管理机构往往对创新性赋予较高的权重（或分数），以突出学术价值对于论文的作用。以审查论文的学术价值为核心标准，有利于对论文做出客观、公平、公正的评价。

三、审查论文的科学性

科学性是指论文科学地揭示了自然界、社会政治经济发展中的一般规律。原创性、创新性和科学性是论文评价的重要标准。论文的科学性主要体现在其成果的可检验性上。论文得出的结论是否科学，需要同行专家、学者做出审查性的鉴定结论。对于理工科论文来说，其得出的结论应当具有可检验性，也就是说，其他专家、学者通常需要按照作者介绍的流程再做一遍。如果可以出现论文中描述的研究成果，就可以通过鉴定。对于文科论文来说，就要判断其提出的对策、建议是否可以指导现实的实践。如果专家、学者认为，措施可行，就可以通过鉴定。

四、审查论文的规范性

审查论文在引注、语句、词汇、标点、格式等方面的规范性，是基本的规范，也是论文评价的标准之一，同时也表明作者对待论文的态度。一般来说，科研能力比较强的作者，其写作的论文会比较规范，这是长期进行科学研究积累的结果。

案例8.1　某高校博士学位论文评价标准

某高校博士学位论文的评价标准如下：

1. 论文的研究内容是否是在科学研究领域产生重大影响的新知识？

2. 研究方法是否科学、合理，并以可复制的方式进行描述？

3. 论文中的研究是否遵守了相关的国际道德标准和良好的科学规范？

4. 论文作者是否对研究领域的新技术、重要文献有充分的了解？

5. 通过适当的控制和统计分析，论文得出的结论是否可以清晰地呈现出来？

6. 论文作者是否讨论了自己的研究与其他人所做研究的关联？是否讨论了其在更广泛的科学背景下的影响？

7. 论文各方面的贡献、论文撰写的目的是否明确？是否适当地承认了其他人的贡献？

8. 论文作者对研究和文献的贡献是否足以授予其博士学位？

第三节 学术评价的方式

论文评价的方式主要有：学术期刊评价、专家组评价、社会评价等。下面分别介绍这几种评价方式。

一、学术期刊评价

学术期刊刊发的文献以学术论文为主，而非学术期刊刊发的文献则以文件、报道、讲话、体会、知识等为主，非学术期刊上的文献只能作为学术研究的资料，不是学术论文。学术期刊是发表论文的载体，其等级通常代表论文的等级，这种评价方式目前已经得到了学术界的广泛认同，这种评价方式具有评价简单、成本低、管理简单等方面的特点，比较适合研究机构、学校等单位开展科研管理工作。学术期刊论文评价分为国外学术期刊论文评价和国内学术期刊论文评价两个方面。

（一）国外学术期刊论文评价

目前，我国学术界对中国学者发表在国外学术期刊上的论文，主要采取两种评价方式：①国外期刊索引评价；②列举国外权威期刊。

1. 国外学术期刊索引评价

国外学术期刊索引评价不仅包括美国，而且还包括英国、俄罗斯、日本等国家。这里仅以中国学者发表在美国学术期刊的论文为例,加以说明。美国几大检索工具主要有:SCI(科学引文索引)、SSCI(社会科学引文索引)、EI(工程索引)和ISTP(科技会议录索引)。在这些索引工具中,以SCI索引最为重要。

(1) SCI索引评价。SCI索引也称"科学引文索引",其英文全称为Science Citation Index,是美国科学信息研究所(Institute for Scientific Information, ISI)出版的学术期刊文献索引工具,其收录全世界出版的数、理、化、农、林、医、生命科学、天文、地理、环境、材料、工程技术等自然科学的学术期刊3700多种。美国科学信息研究所严格的选刊标准和评估程序,使SCI收录的文献能够基本覆盖全世界较为重要和较为有影响力的研究成果。

目前,有的论文作者对SCI索引文献的认识存在一定的误解,错误地认为SCI论文是一种可以投稿发表论文的期刊。其实,SCI文献只是索引、收录其他学术期刊上发表的论文。

被SCI期刊索引,一方面表明我国的科学技术研究同国际科学研究的接轨,另一方面也可以促进我国科学研究人员学术水平的提高。[⊖]

(2) SSCI索引评价。SSCI索引,全称为社会科学引文索引(Social Sciences Citation Index, SSCI),是一种跨学科的学术引用文献索引,由美国科学信息研究所(Institute for Scientific Information, ISI)编辑出版。SSCI索引关注的是社会科学文献,涉及50个学科。

(3) EI索引评价。EI索引,全称为工程索引,是由美国工程信息公司(Engineering information Inc)编辑出版,是历史悠久的大型综合性检索工具。EI在全球的学术界、工程界、信息界享有盛名,是科技界共同认可的重要检索工具。EI主要收录工程技术领域的重要文献,主要包括期刊、会议文献、科技报告、专著等。EI收录的内容主要包括三种类型:①核心收录;②非核心收录(Pageone收录);③会议论文。

⊖ SCIE索引,英文全称为Science Citation index-Expanded,称为扩展版。最早的SCI索引的期刊是以光盘版的形式存储,期刊数量比较少,而SCIE是网络版,并且收录了8000多种学术期刊。

(4) ISTP 索引评价。ISTP 索引，全称为科技会议录索引（Index to Scientific & Technical Proceedings，ISTP），是由 ISI 出版，1978 年创办，发布世界上每年召开的科学会议的会议论文。

2. 列举国外权威学术期刊

列举国外权威学术期刊也是评价论文的一种方式。如果论文发表在列举的国外权威学术期刊上，其论文的评价级别就比较高；反之，其论文的评价级别就比较低。每所高校不同，列举的权威英文期刊也不同。下面以某高校列举的英文 A 类期刊名称、出版商⊖为例，举例说明国外学术期刊的评价方式。

（1）期刊名称为：*Academy of Management Annals*，出版商为：*Academy of Management*。

（2）期刊名称为：*Academy of Management Review*，出版商为：*Academy of Management（United States）*。

（3）期刊名称为：*Academy of Management Journal*，出版商为：*Academy of Management（United States）*。

（4）期刊名称为：*Accounting Review*，出版商为：*Amer Accounting Assoc*。

从某大学列举的国外 A 类学术期刊可以看出，同一质量的学术期刊，需要逐一列举，不能遗漏，其管理难度比较大。如果列举不全面，就会影响学术期刊评价的公平性。如果学术期刊达不到 A 类期刊的质量标准就列入进去，那么这对于文章发表在其他期刊上的老师是不公平的。在所有国外学术期刊中，排除 A 类列举的期刊，其余的学术期刊就属于评价较低一级或几级的学术期刊，其他级别还需要逐一列举。排除已经列出的学术期刊，其余的学术期刊就属于最低一级的学术期刊。

（二）中文核心期刊论文评价

中文核心期刊论文是指在中国境内（不含香港、澳门、台湾地区）经国家新闻出版署准予出版的期刊中的核心期刊上发表的论文。目前，我国比

⊖ 感兴趣的读者可以参考《中央财经大学期刊目录》（2019 年版）中的部分内容，详见中央财经大学官网。此处因为篇幅所限，并未将所有同等级期刊全部列出。

较权威的期刊评价有六种版本：①北京大学图书馆发布的《中文核心期刊要目总览》；②南京大学《中文社会科学引文索引（CSSCI）来源期刊》；③中国科学院文献情报中心《中国科学引文数据库（CSCD）来源期刊》；④中国科技信息研究所发布的《中国科技论文统计源期刊》；⑤中国社会科学院文献信息中心发布的《中国人文社会科学核心期刊》；⑥中国人文社会科学学报学会发布的《中国人文社科学报核心期刊》。中文核心期刊评价是学术界通过一整套的指标、方法，对学术期刊的质量长期进行跟踪评价得出的结论，并以情报学理论为基础，将期刊进行分类定级，把最为重要的一级称为中文核心期刊。例如，有些高等院校将发表在《中国社会科学》上的论文评价为最高级别（AAA级），教师、研究人员发表在《中国社会科学》上的论文就被评价为最高级；将发表在国家级《中文核心期刊要目总览》（《中国社会科学》除外）上的论文评价为较高级别（AA级），教师、研究人员发表在国家级核心期刊上的论文就是较高级别的论文；将发布在省级《中文核心期刊要目总览》上的论文评价为高级（A级），教师、研究人员发表在省级《中文核心期刊要目总览》上的论文就是A级的论文。

（三）非中文核心期刊论文评价

非中文核心期刊论文评价是指对在未纳入《中文核心期刊要目总览》的期刊上发表的论文的评价。在未纳入《中文核心期刊要目总览》的期刊上发表的论文，其评价等级通常比较低。

二、专家组评价

根据评审的需要，一些单位通常会组织一些专家、学者组成专家组，对论文的质量进行评价。专家组人数通常为单数，如3人或5人。相对于期刊评价来说，专家组评价具有成本高、组织难度大、评价结论差距大的特点。按照是否到达现场划分为现场评价和非现场评价。

（一）现场评价

现场评价是指将论文作者和评审专家组织到一起进行论文答辩的评价方式。现场评价通常将多位专家、学者组织在一起，听取论文作者的汇报，然后出具评价意见。现场评价的管理难度比较大，而且还需要支付相关专家、学者一定的报酬。现场评价通常适用于比较正规的场合。现场评价的主要步骤如下。

1. 作者介绍论文

首先，论文作者介绍自己写作论文的意义、写作的思路和方法，介绍论文取得的研究成果，并指出论文的创新和需要改进的地方。

2. 答辩

专家针对论文提出问题，论文作者针对专家提出的问题做出解释或者说明。在论文答辩的过程中，研究人员、教师、学生应当保持虚心学习的态度，认真听取专家的意见和建议。

3. 提交鉴定意见

专家对论文提出自己的鉴定意见。鉴定意见通常由 3 名或 5 名专家投票做出。鉴定组实行少数服从多数的原则。如果 2/3 以上的专家、学者鉴定为合格，则论文的鉴定结论为合格；如果达不到 2/3 以上的专家、学者鉴定为合格，则论文的鉴定结论为不合格。

（二）非现场评价

非现场评价是指评审专家未到组织评审单位的现场进行答辩的方式。非现场评价的方式主要有通信评价、网络评价等。通信评价是指专家、学者通过邮寄的方式将评审意见寄送到组织评审单位的评价方式。网络评价是指专家、学者到组织评审单位的网络系统进行评价的方式。通信评价、网络评价相比于现场评价效率更高，其成本比现场评价低，比期刊评价高，评价结论通常比较客观、理性，不受组织评审单位的影响。非现场评价通常也需要有 3 名或 5 名专家、学者对同一篇论文做出评价意见。非现场评价的主要步骤如下。

1. 填写评审专家信息

评审专家需要填写的信息通常包括：姓名、职称、工作单位、研究方向、自己对评审论文的研究方向是否熟悉、电话、电子邮箱、身份证号码、银行卡号等信息。

2. 审查论文

评审专家需要仔细阅读邮寄来的论文，了解论文的整体结构，分析论文的创新、可取之处，找出论文中存在的问题和不足等。

3. 写出评审意见

评审专家根据自己的看法，独立地发表自己对论文的评审意见，给出评价得分，如评价为优、良、合格、不合格四个等级。同时，评审专家还需要对评审为需要修改的论文提出修改的意见和建议。

三、社会评价

社会评价是指媒体、报纸、网络、同行、学生等社会公众对论文提出自己的评价意见。社会评价具有评价分散、影响范围广、成本低、评价标准不统一等方面的特点，存在着评价结论未必客观、科学等方面的问题。学术论文表达的内容通常比较专业，社会公众未必能够懂得，其评价未必客观、全面，因此，社会评价不能成为论文评价的主要方式。

第四节 论文评价的体系

设计一套论文评价的体系可以对论文的质量和水平做出合理的判断。论文评价结论影响着论文作者的经济利益或者未来的发展方向。例如，国家哲学社会科学课题的主持人获得"合格"的评价结论，可以获得国家哲学社会科学基金委员会的后续资助。又如，学位论文获得"合格"的评价结论，可以获得相应的学位证书。可见，论文评价的结论对于论文作者来说十分重要。

为了实现论文评价的公平、公正、客观，组织论文评审的单位通常会制定出可供参考的量化评价指标体系，以防止论文评价的偏差。设计合理的论文评价体系可以规范评价主体的行为，减少论文评价的随意性。下面以某高校的《硕士研究生论文评审表》为例，说明论文量化评价体系的设计（见表8-1）。

表 8-1　硕士研究生学位论文评审表

论文题目				
学科（专业）		论文研究方向		
论文编号		姓　名	指导教师姓名职称	
评阅人工作单位		评阅人研究方向		
评阅人姓名及职称		评阅日期		
学位论文的主要研究内容及创新点（由硕士生本人填写，创新点最多不超过 5 项）				

(续)

论文题目					
学科 （专业）					
评议项目	评价要素	优秀	良好	一般	较差
论文选题 （20分）	研究的理论意义、现实意义				
论文价值 （50分）	论文见解具有的理论价值和实践价值				
基础知识 和科研能力 （20分）	论文体现的理论基础的扎实程度，分析问题、解决问题的能力				
论文规范性 （10分）	引文的规范性，学风的严谨性				

总体评价 90~100分为优秀；75~89分为良好； 60~74分为一般；59分及以下为较差	评价分数： 评价等级：
是否同意答辩	□ 同意答辩（90~100分） □ 修改后直接答辩（75~89分） □ 修改后重新送审（60~74分） □ 不同意答辩（≤59分）
是否推荐该论文 参加优秀论文评选	□是　　　　□否
熟悉程度	□很熟悉　□熟悉　□一般
评阅人：（签字）	年　月　日

(续)

对学位论文的学术评语（请对论文的学术水平、创新性做出简要评述，包括选题意义、论文创新点、学科知识的掌握、写作规范性和逻辑性等）

论文的不足之处和建议（明确指出论文中存在的问题和不足之处，并请提出修改建议）

从表 8.1 可以看出，在论文的量化评价体系中，论文学术价值的评价占 50%的权重，论文选题理论意义和现实意义的评价占 20%的权重，论文反映的分析问题、解决问题的能力占 20%的权重，论文反映的规范性占 10%的权重。这些权重指标的设计，可以提醒评价主体合理分布评价分值，给予论文公平、公正、客观的评价结论。

案例 8.2　一位教授的愤怒

2016 年 4 月 25 日，南京师范大学教授陈吉德在博客上发表了对一篇博士论文的看法。他认为，只要随便堆砌几万字，通过学位论文答辩，就能从"博士生"摇身一变，成为"博士"。这样的"博士"到底价值几何？

陈教授指出，论文涉及标题奇葩、文不对题、逻辑混乱、参考文献少、拼凑痕迹严重、部分章节内容根本不是论文研究内容等问题。陈吉德在博客中贴出了论文的部分内容，并指出论文的不规范之处。例如，某论文第八章第三节标题为：综合近年来奥斯卡最佳摄影奖来分析这《拆弹部队》和《阿凡达》两部代表性的强的电影以及奥斯卡对数字时代电影摄影的审美倾向。陈吉德表示，此标题不但奇长无比，且语病多多："这《拆弹部队》和《阿凡达》两部"应改为"《拆弹部队》和《阿凡达》这两部"；"代表性的强的电影"应改为"代表性强的电影"；"奥斯卡对数字时代电影摄影的审美倾向"应改为"奥斯卡对数字时代电影摄影审美倾向的影响"。陈吉德教授称，该标题"太奇葩"，并指出这不但说明学生的水平太差，也说明导师严重不负责任。该节的内容，就是奥斯卡最佳摄影奖新闻发布的资料，缺乏论文的规范性。

对此，陈吉德教授强烈建议，教育部有关部门应当追查论文相关单位和作者的责任，并做出相应的处理。

案例分析

此案例反映出我国部分学位论文评价中存在的比较严重的问题。第一，学生的学习态度不端正，难以安心从事学术研究，东拼西凑地抄论文，玷污

⊖ 资料来源：https://edu.qq.com/a/20160525/011324.html.

了博士学位的严肃性和神圣性。第二，导师对学生疏于管理，不严格要求学生。第三，导师不负责任。学生的学位论文代表学生学术水平，也是导师指导水平的表现，导师不负责，不给予学生学术上的相应指导，应当追究博士生导师的责任。第四，论文答辩委员对学位论文评审不严格，导致达不到博士学位论文质量要求的论文能够通过答辩。第五，高校对博士导师疏于管理，以至于导师、学生不认真、不负责，也得不到相应的处罚。这种疏于管理的做法，败坏了学术研究的风气，扰乱了学术研究的环境，应当严肃处理。

思 考 题

1. 简述论文评价的特点。
2. 简述论文评价的作用。
3. 简述论文评价的标准。
4. 简述论文评价的方式。
5. 简述现场评价的流程。

第九章
学术道德规范

学术研究事业本身就是追求真善美，故学者应有"出淤泥而不染"的风骨，率先垂范。[1]学术道德和学术规范是学术研究的基础性工作，是保证学术研究活动得以健康发展的必要条件。"学术研究要发展，需要一个良好的环境和内在机制。"[8]学习本章的目的有：加强学术道德修养，了解学术规范的基本要求，保护作者的著作权。

第一节 学 术 道 德

学术道德是一种职业道德，与学术道德相对应的概念是学术观念、情操和素质。学术道德体现着研究者、教师、学生做人做事的底线和人生的价值取向。

一、学术道德的概念

道德是指以善恶评价为标准，依靠社会舆论、传统习俗和人的思想观念来调整人们相互关系的行为规范的总称。道德贯穿于我们生活、工作的方方面面，体现着一个人的精神和文化修养。

"任何职业活动都必须有自己的伦理。"[9]学术道德是指在学术研究活动中应当自觉遵守的行为规则和规范，它是植根于人内心的自觉和自省，是教育、习惯、思想品德的内化。学术道德是从事学术研究活动的人自觉遵守的行为准则，反映着一个人的学术操守和为学之道，关系到学术人格的培育。[1]衡量一个人是否具有较好的学术道德，是比较困难的，但是，学术道德可以通过其对待前人、他人和自己研究成果的态度体现出来，主要体现在以下两个方面。

1. 对待前人或者他人研究成果的态度

对待前人或者他人研究成果的态度，体现了一个人的学术道德，其对待前人的文化、精神应该具有敬畏的心理；对待他人的观点应当以理性、批判的视角加以审视，不全盘否定，也不盲目崇拜。学术问题的讨论应当仅限于学术研究的范围，对事不对人。

2. 对待自己研究成果的态度

一个人是否能够虚怀若谷，客观、公正地看待自己的研究成果，也是衡量其学术道德的一个方面。

二、学术道德的特点

学术道德的特点主要有以下几个方面。

1. 自律性

学术道德通常依靠个人内心的信念、传统习惯和社会舆论等来维系，以保证自己的学术行为不超越学术规范的基本要求。从这一个角度可以看出，学术道德的力量是有限的。如果自律性差，那么就需要依靠学术规范的"他律"力量来维持。

2. 示范性

学术论文的写作、发表本身就是值得人们崇拜、敬仰和学习、模仿的。具有较高学术道德的人可以被其他人尊重、学习，具有典型性、示范性的特征。

3. 引导性

学术道德引导着人们摈弃急功近利的心理，潜心于学术研究活动，树立不懈地追求知识、技术、文化的真、善、美的责任感和使命感。这种引导性如春风化雨、润物无声地感染着身边的人。教师通过自己的言传身教，潜移默化地影响学生，默默无闻坚守学术研究这片净土。

三、学术道德的基本要求

学术道德的基本要求是多方面的。下面依据教育部发布的《关于加强学术道德建设的若干意见》，说明学术道德基本要求的内容。其主要包括以下几个方面。

1. 增强献身科教、服务社会的历史使命感和社会责任感

如果教师、学生具有献身教育、献身科学技术、献身文化发展的责任感和使命感，就会自觉遵守学术道德，服务社会，服务人民。

2. 坚持实事求是的科学精神和严谨的治学态度

在进行学术研究的过程中，教师、学生应当秉持追求真理、实事求是的科学精神，严谨、踏实地致力于学术研究。

3. 树立法制观念，保护知识产权、尊重他人的劳动和权益

教师、学生应当树立法制观点，尊重前人或者他人的劳动成果，不侵害他人的知识产权，营造保护知识产权的学术氛围。

4. 认真履行职责，保护学术评价的客观公正

在对论文的评价中，评价者应以公平、公正、客观的态度，认真地履行职责，不负教育的神圣使命。

5. 为人师表、言传身教，对学生加强学术道德教育

教师应当模范地遵守学术道德，为人师表，言传身教地感染学生，遵守学术道德，做遵守学术道德的典范。

四、学术不端的概念、成因和危害

（一）学术不端的概念和情形

学术不端行为是指违反学术道德和学术规范的行为。学术不端行为主要包括以下几种。

1. 抄袭、剽窃、侵吞他人学术成果

抄袭、剽窃、侵吞他人学术研究成果的行为属于最严重的学术不端的行为，不仅影响个人声誉，也影响学校、单位的信誉，必须杜绝。

2. 篡改他人学术成果

一些人将他人的学术成果篡改为自己的研究成果，不仅侵害了他人的著作权，而且还会扰乱学术秩序。

3. 伪造或者篡改数据、文献，捏造事实

理工科、数量模型的研究，需要有准确的数据作为支撑。伪造、篡改数据、捏造事实，不仅会误导其他人的实验，也会造成学术资源配置的浪费。

4. 伪造注释

一些学生、研究人员、教师没有翻看第一手文献资料，例如国外专家、学者的文献资料，但是却在注释中标注为直接引用，这种行为也属于学术不端行为。

5. 没有参加创作，却在他人学术成果上署名

一些人员没有参加学术研究，却在他人的学术成果上署自己的姓名，这种行为也属于学术不端行为。

6. 未经他人许可，不恰当地使用他人署名

一些人员未经他人许可，就不恰当地使用别人的署名。例如，学生未经导师的允许，就在自己投稿的论文上加上导师的名字，该行为就属于不恰当使用他人署名的行为，属于学术不端行为。

7. 违反正当程序或放弃学术标准，进行不当的学术评价

一些专家、学者、老师放弃学术规范和学术道德，对学术论文做出不恰当的评价结论。一些学生不恰当地干扰老师、专家、学者进行公平、公正评价，这些行为也属于学术不端行为。

8. 其他违反学术准则、损害学术公正的行为

上面没有列举到的其他违反学术准则、学术规范的行为，只要损害学术研究公平、公正性，就属于学术不端行为。

（二）学术不端的成因

学术不端行为的成因主要有以下几个方面。

1. 价值取向错位

正确的学术价值观是对未知的世界进行积极探索的科学精神，不断地推动科学、技术进步。错误的价值取向是为了一己私利，弄虚作假，侵害他人学术研究成果。学术价值观念的错位和扭曲，导致了各种学术不端行为的出现。[10]

2. 学术评价体系不健全

目前，我国有关管理部门尚未建立完善、有效的学术评价体系，学术监督、惩罚机制不到位，给学术不端事件的发生留下了空间。论文写作和发表同个人的职称晋升、课题申请、学位证书取得等密切相关，学术研究成了谋生的手段之一。论文写作和发表后带来的荣誉和利益，促使许多人心存侥幸心理，不计后果地铤而走险。学术不端事件被发现后，相关的惩罚制度不到位，导致学术不端行为屡禁不绝。

3. 学术道德教育不到位，知识产权保护意识淡薄

当前，我国有关管理部门比较重视政治思想教育，而对学术规范、知识产权保护等方面的教育不足，致使一些人的知识产权保护意识淡薄。某些人的行为可能已经构成了学术不端行为，却不自知。因此，加大对研究人员、教师、学生的学术道德教育势在必行。

（三）学术不端的危害

1. 影响学术秩序和规范

学术不端行为违背学术研究追求科学、真理的精神，影响学术秩序，违反有关管理部门制定的学术规范，影响研究人员、教师的社会形象。

2. 污染学术氛围

学术不端行为，会对兢兢业业从事科学研究的人员产生消极影响，甚至可能会腐化学术研究队伍，污染学术氛围。

3. 阻碍学术进步、发展和创新

学术不端行为会助长伪科学的泛滥，将学术研究引入歧途，进而阻碍学术研究的进步、发展和创新。

4. 产生学术诚信危机

学术不端的造假者，不仅会使自己名誉受到影响，而且还会影响其所在单位的社会形象，甚至会影响中国学术在国际上的声誉，产生学术上的信任危机。

5. 造成资源配置的浪费

学术造假行为会给政府、学校、研究机构等传递不正确的信号，会误导政府、学校、研究机构对科研项目的投入方向，造成科研资金配置的低效率，耗费大量的人力、物力资源。

案例9.1　"汉芯1号"造假的败露

2003年2月26日，上海交通大学陈进主持的科研项目成果——"汉芯1号"正式对外发布。成果发布当天，信息产业部科技司司长、上海市副市长、上海科委、教委负责人悉数到场。在发布会上，由邹士昌、许居衍等知名院士和"863计划"集成电路专项小组负责人严晓浪组成的鉴定专家组做出了一致的评定结论："汉芯1号"及其相关设计和应用开发平台，达到国际先进水平，是中国芯片发展史上的一个重要里程碑。

"汉芯1号"的发明人陈进也是收获满满。上海市科委授予陈进上海市科技创业领军人物称号，2004年上海交通大学将其特聘为长江学者。同时，陈进也身兼数职，主要有：上海交通大学微电子学院院长、上海硅知识产权交易中心CEO、上海交通大学汉芯科技有限公司总裁、上海交通大学创奇科技有限公司总经理。

2006年1月17日，在清华大学水木清华BBS上，有人公开举报，上海交通大学微电子学院院长陈进教授发明的"汉芯1号"造假。很快，就有一些嗅觉敏锐的媒体介入调查。在举报人和媒体的共同努力下，事实终于浮出水面。2006年2月18日，该事件的调查组公布调查结论为："汉芯1号"造假属实。"汉芯1号"是陈进从美国一家公司买回的芯片，雇人将芯片表面的原有标志用砂纸磨掉，然后加上"汉芯"标志而成。由于欺骗成功，陈进本人不但当上了上海交通大学微电子学院院长，而且还荣获"全国优秀科技工作者""教育部长江学者奖励计划特聘教授"等一系列荣誉称号。

2006年5月12日,上海交通大学向有关媒体通报表示,陈进被撤销各项职务和学术头衔,国家有关部委与其解除了科研合同,并追缴各项费用。[○]

案例分析

这是一起典型的严重违反学术道德和学术规范的造假事件,给国家科研资金造成了重大的损失,也影响了我国芯片研发的进程。此次事件中,陈进得到了相应的处罚。针对这一事件,我国政府于2006年11月发布的《国家科技计划实施中科研不端行为处理办法(试行)》规定,对于科研不端行为,要实行从警告、批评直至终止项目、收缴经费、在一定时间内不接受有关人员的科研项目申请等处罚措施。这是我国政府出台的首部针对科学研究中学术不端行为的处理办法,对打击科研、学术造假行为具有积极的作用,有助于科学研究纳入法制化、规范化的发展轨道。

第二节 学 术 规 范

学术规范是有关管理部门约束研究人员、教师、学生的纪律,学术规范可以有效地约束学术不端行为。学术规范的建设是一项不间断的,需要长期贯彻、实施的管理工作。

一、学术规范的概念和特点

学术规范是指有关管理部门约束研究人员、教师、学生在学术活动中的行为准则和纪律。学术规范的内容主要有:学术研究规范、学术引用规范、学术道德规范、学术评价规范和学术批评规范等。本节讲述的学术规范主要是指学术研究规范和学术道德规范,学术引用规范已经讲述,学术评价规范和学术批评规范将在下一章讲述。学术规范的特点主要有以下几个方面。

1. 学术规范强调"他律"

学术规范同学术道德一样,贯穿于学术研究活动的始终。但是,学术规

○ 资料来源:360百科"汉芯事件",https://baike.so.com/doc/6074379-6287455.html。

范同学术道德的不同在于强调"他律",强调法律、行政法规、用人单位的规章制度等对学术研究活动的约束和强制管理。

2. 学术规范具有明确的行为准则

如果说,学术道德没有明确的规定,比较模糊的话,那么学术规范则具有明确的行为准则,从事学术活动的个人必须严格遵守。法律、法规、用人单位制定的规章等通常会明确规定哪些事情(或行为)可以做,哪些事情(或行为)不能做,具有明确的行为准则。

3. 学术规范具有稳定性

有关管理部门出台的法律、法规或者用人单位出台的规章制度的效力通常会持续较长时间,具有较强的稳定性,有利于人们在学术研究活动中自觉地遵守,明确地执行。

4. 学术规范具有传承性

学术规范不是凭空产生的,而是历史传承、发展的结果。我国古代就有学术规范。自从汉代儒术成为学术研究的主要对象以来,不仅流派分明、次序严密,而且任何注或疏都署名作者,原文与注释、注释者和传播者绝不相混淆。即使是名不见经传的作者,只要其研究成果有可取之处而被后世学者援引,亦无不标以嘉名;而在陈述自己的见解时,则以"×案"的形式来区别。

二、学术规范建设的意义

1. 促进学术研究的规范化、标准化、专业化

加强学术规范的建设,有助于促进学术研究活动的规范化、标准化、专业化,有助于研究人员、教师、学生在学术研究活动中遵循明确的标准和准则。

2. 有助于营造积极创新的学术氛围

加强学术规范的建设,有助于促进学术研究的积累和创新,营造积极创新、不断积累的学术氛围。

3. 有助于弘扬潜心研究的学风

加强学术规范的建设,有助于弘扬潜心研究的学风,激发研究人员勇于创新的工作热情，为科学、技术的进步做出贡献。

4. 有助于维护学术活动的秩序

加强学术规范的建设，有助于维护学术研究活动的秩序，促进学术研究活动的持续、健康、稳定发展。

三、学术规范的基本要求

2004年8月16日，教育部发布的《高等学校哲学社会科学研究学术规范（试行）》对高校哲学社会科学研究的基本规范、学术引文规范、学术成果规范、学术评价规范和学术批评规范做出了明确的规定，其内容大致包括以下几个方面。①

（一）基本规范

基本规范主要包括以下几个方面：①高校哲学社会科学研究应以马克思列宁主义、毛泽东思想、邓小平理论和"三个代表"的重要思想为指导，遵循解放思想、实事求是、与时俱进的思想路线，贯彻"百花齐放、百家争鸣"的方针，不断地推动学术进步。②高校哲学社会科学研究工作者应当以推动社会主义物质文明、政治文明和精神文明建设为己任，具有强烈的历史使命感和社会责任感，勇于学术创新，努力创造先进的文化，积极弘扬科学精神、人文精神和民族精神。③高校哲学社会科学研究工作者应当遵守《中华人民共和国著作权法》《中华人民共和国专利法》《中华人民共和国国家通用语言文字法》等相关法律、法规。④高校哲学社会科学研究工作者应当模范地遵守学术道德。

（二）学术引文规范

学术引文规范主要包括以下几个方面。

1. 引文应当以原始文献和第一手资料为原则

凡引用他人观点、方案、资料、数据等，无论是否发表，无论是纸质版或电子版，均应当详加注释。凡转引的文献资料，应当如实说明。

---

① 资料来源：360百科，https://baike.so.com/doc/7749258-8023353.html。

2. 学术论著应当合理使用引文

对已有学术成果的介绍、评论、引用和注释，应当力求客观、公允、准确。伪注，伪造、篡改文献和数据等，均属学术不端行为。

（三）学术成果规范

学术成果规范主要包括以下几个方面：①不得以任何方式抄袭、剽窃或侵吞他人学术成果。②应当注重学术质量，反对粗制滥造和低水平的重复研究，避免片面追求论文数量的错误倾向。③应当充分尊重和借鉴已有的学术成果，注重调查研究，在全面掌握相关研究资料和学术信息的基础上，精心地设计研究方案，讲究科学方法，力求论证缜密，表达准确。④学术成果文本应当规范地使用中国语言文字、标点符号、数字及外国语言文字。⑤学术成果不应当重复发表。另有约定再次发表时，应当明确地注明出处。⑥学术成果的署名应当实事求是。署名者应当对该项成果承担相应的学术责任、道义责任和法律责任。⑦凡接受合法资助的研究项目，其最终成果应当与资助申请和立项通知一致；如果需要修改，则应当事先与资助方协商，并征得其同意。⑧研究成果发表时，应当以适当的方式向提供过指导、建议、帮助或资助的个人或机构致谢。

（四）学术评价规范

学术评价规范主要包括以下几个方面：①学术评价应当坚持独立、客观、公正、公开的原则。学术评价应该不受任何人和组织的左右，应当公平、公正地对待每一篇论文，做出客观、符合实际情况的评价。②学术评价应当以学术价值或社会效益为基本标准。对于基础研究成果的评价，应该以学术积累和学术创新为主要尺度；对应用研究成果的评价，应该注重其社会效益或者经济效益。③学术评价机构应当坚持程序公正、标准合理的原则，采用同行专家评审制，实行回避制度、民主表决制度，建立结果公示和意见反馈的机制。在出具评审意见时，应当措辞严谨、准确，慎用"原创""首创""首次""国内领先""国际领先""世界水平""填补重大空白""重大突破"等词语。评价机构和评审专家应当对研究成果的评价意见负责，并对评议过程保密，对不当评价、虚假评价、泄密、披露不实信息或者恶意中伤等造成的后果，承担相应的责任。④被评价者不得干扰评价过程。在论文评价的过程中，被评价者不得采取不正当的方式干扰评价过程。否则，被评价者应当对其不正当行为引发的一切后果承担相应的责任。

(五) 学术批评规范

学术批评规范主要包括以下几个方面：①应当大力倡导学术批评，积极推进不同学术观点之间的自由讨论、相互交流与学术争鸣。②学术批评应当以学术为中心，以文本为依据，以理服人。批评者应当正当行使学术批评的权利，并承担相应的责任。被批评者有反批评的权利，但不得对批评者有压制或报复的行为。

案例9.2　毕业论文的学术不端检测⊖

学术不端是指学术界出现的弄虚作假、剽窃他人学术研究成果等行为。学术不端检测是审查学生学位论文是否抄袭的重要依据之一。

一、学术不端检测系统介绍

学术不端检测主要审查学术论文或者学位论文同已经发表的资料、文献的重复率。学术不端检测系统是由清华大学中国学术期刊电子杂志社和同方知网公司研制的，它采用电子技术手段防范学术不端行为。学术不端文献检测以《中国学术文献网络出版总库》⊜为全文比对数据库，实现了对抄袭与剽窃论文，伪造、篡改数据等学术不端行为的快速检测，可以供用户检测论文，并支持用户自建比对库。学术不端检测系统的功能主要有三个方面：①已发表文献的检测。已发表文献的检测是指检测系统能够自动将属于用户自己的已经正式发表的论文检查出来，并对每一篇已经发表的文献进行实时检测，快速给出检测结果。②论文检测。论文检测主要实现实时在线检测功能。③问题库查询。问题库查询是指用户可以将检测结果中确认有问题的文

⊖　资料来源：百度文库。

⊜　《中国学术文献网络出版总库》拥有学术期刊7000余种，期刊全文文献2480万篇，期刊期数和文献收录完整率大于99.9%。收集了503家硕士学位点的72万篇优秀硕士论文，368家博士学位点的9.6万篇博士论文。

献放入问题库，便于用户集中管理。④自建比对库。自建比对库是指管理人员可以选择将检测文献放入自建比对库或者批量上传文献作为自建比对库，该自建比对库即可以作为以后学术不端检测的比对数据库。自建比对库属于用户个人，其他用户无权使用。

二、学术不端检测指标

为了便于快速、准确地分析与比对文献的复制关系，系统设计了多个检测指标，这些指标从多个角度反映了文字复制的特征。比对后，系统生成检测报告，为判断论文是否存在学术不端的行为提供依据。学术不端检测的指标主要有两类。

(1) 总检测指标。总检测指标从整体情况描述论文的检测情况，便于审查单位或者个人快速地了解该论文的总检测情况。其指标主要有：①总重合字数（CCA）。总重合字数是学术不端检测结果的核心指标，反映一篇论文中复制比对文献的绝对字数的总和。②总文字复制比（TTR）。总文字复制比是指学位论文中总重合字数在论文总字数中所占的比例。该指标可以直观反映出重合字数在该论文中所占的比例。③首（尾）部重合文字数（HCCA、ECCA）。首部重合文字数是指论文前1万字中重合的文字数量。尾部重合文字数是指除去论文前1万字后，剩余的部分中重合的文字数量。对于一篇论文而言，一般开头部分写文献综述，其首部重合文字数通常会比较多，但其重要性低于论文的尾部。

(2) 子检测指标。论文核心内容一般主要存在于某几章中，子检测指标可以让用户迅速地了解每一章节的检测情况，其指标主要有：①文字复制比（TR）。文字复制比反映某一章节段落的文字重复的情况，其比例越高，反映该章节越多的文字来源于其他已经发表的文献。该指标可以反映论文"抄袭"的文字数量比例。②重合字数（CNW）。重合字数是指将论文某章节与比对文献比较后，重合部分的字数。一般来说，不管文字复制比如何，重合字数越多，存在学术不端行为的可能性就越大。③段文字比（PR）。段文字比反映出该章节文字重合段的字数之和占该章节总文字数的比例。段文字比反映了抄袭的连续性。

三、学术不端检测结论及处理办法

依据总检测指标值和子检测指标值,论文抄袭类型划分以下五类(见表9-1):①轻度句子抄袭;②句子抄袭;③轻度段落抄袭;④段落抄袭;⑤整体抄袭。

表9-1 学术不端检测标准和类型

类型	重合文字条件(个)	总文字复制比例
轻度句子抄袭	各连续重合文字均<200	<10%
句子抄袭	各连续重合文字均<200	≥10%
轻度段落抄袭	存在连续重合文字≥200	<30%
段落抄袭	存在连续重合文字≥200	≥30%且<50%
整体抄袭	存在连续重合文字≥(总字符数/2)	≥50%

针对学术不端的不同类型,有不同的处理办法。下面以某高校根据《学位论文作假行为处理办法》(教育部第34号令)、《教育部关于严肃处理高等学校学术不端行为的通知》(教社科[2009]3号)和《国务院学位委员会关于在学位授予工作中加强学术道德和学术规范建设的意见》(学位[2010]9号)做出的规定为例,加以说明。⊖

(1)论文相似比(去除本人已发表的科研成果)在20%(含)以内的学位论文视为通过检测。

(2)论文相似比(去除本人已发表的科研成果)在20%~40%之间的学位论文视为未通过检测。论文修改后,可以参加第二次检测。

(3)论文相似比(去除本人已发表的科研成果)在40%(含)以上者,不予以复检,做延期答辩处理。

第三节 著作权保护

论文是一种重要的知识产权,是学术研究活动的标志性成果。论文作者

⊖ 资料来源:对外经济贸易大学网站,http://yjsy.uibe.edu.cn/infoSingleArticle.do?articleId=2956&columnId=2195。

对论文享有著作权，其权利是受到政府出台的法律、法规保护的。著作权保护有利于维护学术活动的秩序，减少抄袭、剽窃、学术不端等侵犯他人知识产权的行为，可以避免学术资源配置的无效率和浪费。

一、著作权的概念和特点

（一）著作权的概念

著作权也称为版权，是指作者及其他权利人对文字、艺术、科学作品享有的著作人格权和著作财产权。《中华人民共和国著作权法》规定，创作作品的公民是作者。由法人或者其他组织主持，代表法人或者其他组织意志创作，并由法人或者其他组织承担责任的作品，法人或者其他组织视为作者。如无相关证明，在作品上署名的公民、法人或者其他组织为作者。

受到著作权保护的作品通常有以下几类：①文字作品；②口述作品；③音乐、戏剧、曲艺、舞蹈、杂技艺术作品；④美术、建筑作品；⑤摄影作品；⑥电影作品和以类似摄制电影的方法创作的作品；⑦工程技术图、产品设计图、地图、示意图等图形作品和模型作品；⑧计算机软件；⑨法律、行政法规规定的其他作品。

著作权分为著作人格权和著作财产权两种。其中，著作人格权是指著作权人具有公开发表权、姓名表示权及禁止他人以扭曲、变更方式利用著作损害著作人名誉的权利。著作财产权是指著作权人对作品产生的收益具有财产权。例如，《中华人民共和国著作权法》规定，著作权包括下列人身权和财产权：①发表权，即决定作品是否公之于众的权利；②署名权，即表明作者身份，在作品上署名的权利；③修改权，即修改或者授权他人修改作品的权利；④保护作品完整权，即保护作品不受歪曲、篡改的权利；⑤复制权，即以印刷、复印、拓印、录音、录像、翻录、翻拍等方式将作品制作一份或者多份的权利；⑥发行权，即以出售或者赠予方式向公众提供作品的原件或者复制件的权利；⑦出租权，即有偿许可他人临时使用电影作品和以类似摄制电影的方法创作的作品、计算机软件的权利，计算机软件不是出租的主要标的的除外；⑧展览权，即公开陈列美术作品、摄影作品的原件或者复制件的权利；⑨表演权，即公开表演作品，以及用各种手段公开播送作品的表演的权利；⑩放映权，即通过放映机、幻灯机等技术设备公开再现美术、摄影、电影和以类似摄制电影的方法创作的作品等的权利；⑪广播权，即以无线方式公开广播或者传播作品，以有线传播或者转播的方式向公众传播广播的作品，以及通过扩音器或者其他传送符号、声音、图像的类似工具向公众传播广播的作品的权利；⑫信息网络传播权，即以有线或者无线方式向公众提供作品，使公众可以在其个人选定的时间和地点获得作品的权利；⑬摄制权，即以摄制电影或者以类似摄制电影的方法将作品固定在载体上的权利；⑭改编权，即改编作品，创作出具有独创性的新作品的权利；⑮翻译权，即将作品从一种语言文字转换成另一种语言文字的权利；⑯汇编权，即将作品或者作品的片段通过选择或者编排，汇集成新作品的权利；⑰应当由著作权人享有的其他权利。

(二) 著作权的特点

著作权的特点主要有以下几个方面。

1. 著作权具有专有性

著作权的所有者是作者或作者所在的单位，他们对著作权带来的收益具有专有权。除非权利人同意、许可或者法律法规做出了相应的规定，其他人不具有所有权，著作权具有排他性。

2. 著作权具有时间性

著作权通常具有法定的保护期限，一旦保护期限届满，著作权所有者具有的各项权利会自行终止或消灭。保护期满后，相关成果就会成为整个社会的共同财富，任何人都可以使用。例如，我国政府于2010年2月26日修订的《中华人民共和国著作权法》规定，公民的作品，其发表权、该法第十条第一款第五项至第十七项规定的权利的保护期为作者终生及其死亡后50年，截止于作者死亡后第50年的12月31日；如果是合作作品，截止于最后死亡的作者死亡后第50年的12月31日。法人或者其他组织的作品、著作权（署名权除外）由法人或者其他组织享有的职务作品，其发表权、该法第十条第一款第五项至第十七项规定的权利的保护期为50年，截止于作品首次发表后第 50 年的 12 月 31 日，但作品自创作完成后 50 年内未发表的，该法不再保护。

3. 著作权属于无形资产

著作权是没有形体的，属于无形资产。无形资产具有的特征，著作权也具有，著作权在创造经济效益方面存在较大的不确定性。

4. 著作权的保护有赖于政府出台的法律、法规

目前，我国政府陆续颁布了一系列法律、行政法规保护著作权。

（1）法律。我国政府已经颁布的相关法律主要有：《中华人民共和国民法通则》《中华人民共和国著作权法》《最高人民法院关于审理涉及计算机网络著作权纠纷案件适用法律若干问题的解释》《最高人民法院关于审理著作权民事纠纷案件适用法律若干问题的解释》等。

（2）行政法规。我国政府已经颁布的相关行政法规主要有：《中华人民共和国知识产权海关保护条例》《计算机软件保护条例》《中华人民共和国著作权法实施条例》《著作权集体管理条例》《互联网著作权行政保护办法》《信息网络传播权保护条例》等法规。

这些法律、行政法规的出台，为著作权的保护起到了保驾护航的作用。

二、著作权保护的作用

1. 有利于调动科技工作者从事独创性工作的积极性

保护著作权人依法享有的各项权利，可以使知识、技术的所有权更加明晰，并享有知识、技术带来的收益，有利于调动科技工作者从事独创性工作的积极性。

2. 有利于促进技术的创新和社会的进步

保护著作权的所有者获得知识、技术带来的经济收益，有助于促进知识和技术的创新和发展，有助于社会的进步。

3. 有利于知识、文化、技术的传承和发展

知识、文化、技术是连续不断、长期积累的结果，著作权保护有利于知识、文化、技术的追根溯源，有助于知识、文化、技术的传承和发展。

4. 有利于营造尊重著作权的良性发展的学术氛围

著作权保护有助于维护科学研究的秩序和规范，有利于营造良性发展的学术氛围。

三、著作权保护的原则

著作权在作品创作完成后就会依法自动产生，不需要经过任何主管机关的审查批准。著作权保护的原则主要有以下几个方面。

1. 优先保护的原则

优先保护的原则是指最先发现某一理论、某一发明、某一发现的作者对其带来的经济利益具有法律、法规规定的权利。著作权是一种无形资产，作者有权通过其作品获得经济报酬，承认其身份。

2. "国民待遇"的原则

"国民待遇"的原则是指一个缔约国将其他缔约国的文学、科学和艺术作品当作本国国民的作品加以保护。这是双边和多边协定中普遍采用的原则。目前，我国政府已经参加了《世界版权公约》《伯尔尼公约》《与贸易有关的知识产权协定》《世界知识产权组织版权条约》等。依据签订的这些公约、条约、协定，所有缔约国国民的文学、科学和艺术作品都享有同本国国民同等的著作权保护。

3. 不得违反法律、行政法规的原则

在实施著作权保护的过程中，任何单位、个人均不得违反法律、行政法规的规定。如果采取的著作权保护措施同政府出台的法律、行政法规相违背，就会无效。

四、著作权保护的措施

1. 完善著作权的自动保护制度

著作权的自动保护制度是指在作品发表后，其作品就依法受到著作权相关法律、行政法规的保护。

2. 建立著作权登记备案制度

著作权登记备案制度是指作品的权利人依法对其享有著作权的作品到相

关管理部门登记备案的制度。著作权管理部门负责登记、备案作品的内容，著作权登记备案制度可以固定著作权的所有人，降低著作权人的维权成本。

3. 建立著作权的审查授权制度

其他人使用作品需要得到著作权人的授权。相关管理部门可以采取多种措施，审查使用相关作品的人，保护著作权人的利益，防止侵权行为的发生。

4. 著作权保护的行政执法

著作权保护的行政执法行为是指著作权行政管理部门对侵权行为调查取证，然后予以处罚的行政行为。行政执法通常由2名执法人员执行。例如，高校审查学生、老师论文侵权的问题，就属于行政执法的范围。我国《中华人民共和国著作权法》规定，当事人对行政处罚不服的，可以自收到行政处罚决定书之日起3个月内向人民法院起诉，期满不起诉又不履行的，著作权行政管理部门可以申请人民法院执行。

5. 著作权保护的和解、调解和仲裁

（1）著作权保护的和解。当事人之间自行达成和解意向，就是著作权保护的和解。在和解的过程中，如果当事人双方自行解决问题，那么就不需要有第三方参与。

（2）著作权保护的调解。当事人委托第三方就著作权保护达成和解，就是著作权保护的调解。在调解的过程中，当事人需要委托第三方就著作权保护问题达成和解。

（3）著作权保护的仲裁。具有仲裁权的机构对著作权保护做出仲裁意见，就是著作权保护的仲裁。我国著作权保护法律、法规规定，著作权纠纷可以调解，也可以根据当事人达成的书面仲裁协议或者著作权合同中的仲裁条款，向仲裁机构申请仲裁。

6. 著作权保护的司法判决

人民法院就著作权保护纠纷依法做出的判决，就是著作权保护的司法判决。著作权保护的司法判决实行两审终审制度。两审终审制度是指某一案件需要经过两级人民法院审判后即告终结的制度。《中华人民共和国民事诉讼法》规定,人民法院审理民事案件,依照法律规定实行两审终审制度。

思 考 题

1. 简述学术道德的特点。
2. 简述学术道德的基本要求。
3. 简述构成学术不端行为的情形。
4. 简述学术不端的成因。
5. 简述学术不端的危害。
6. 简述学术规范的特点。
7. 简述学术规范建设的意义。
8. 简述学术规范的主要内容。
9. 简述著作权的特点。
10. 简述著作权保护的意义。
11. 简述著作权保护的作用。
12. 简述著作权保护的原则。
13. 简述著作权保护的措施。

参 考 文 献

[1] 杨玉圣,张保生.学术规范导论[M].北京:高等教育出版社,2004.

[2] 冯小双,李海富.加强学科建设 回应伟大时代——"中国社会学的学科建设"学术讨论会综述[J].中国社会科学,1997(5):104.

[3] 刘钧.社会保障水平的理论思考[J].东北财经大学学报,2003(5):80-82.

[4] 兹纳涅茨基.知识人的社会角色[M].郑斌祥,译.南京:译林出版社,2000:84.

[5] 花芳,战玉华.文献检索和利用[M].北京:清华大学出版社,2016.

[6] 郑小光,岑伟,罗晓琪.科技论文的寿命周期及其创作准则[J].编辑学报,2018(增刊1):33.

[7] 李德顺.价值新论[M].北京:中国青年出版社,1993.

[8] 庹国柱.学术道德问题杂谈[J].保险职业学院学报,2018(6):82.

[9] 涂尔干.职业伦理与公民道德[M].渠东,梅菲,等译.上海:上海人民出版社,2001:17.

[10] 李鹏,宋晨虎,万昆.研究生学术不端行为成因及治理措施研究[J].吉林化工学院学报,2018(2):52.